Vía rápida

En autonomía – Con dinámica

Arbeitsbuch

Vía rápida

En autonomía – Con dinámica

Autorinnen
María Cecilia Ainciburu
Elisabeth Tayefeh
Graciela Vázquez
Lourdes Miquel (novela)

Beratung und Bearbeitung
María Cerrato, Valentín Cózar, Ernesto Rodríguez
Sabine Segoviano (deutsche Bearbeitung)

1. Auflage 1 7 6 5 | 2016 15 14

Redaktion Lucía Borrero, Cristina Palaoro, Laia Sant, Sabine Segoviano, Mónica Cociña
Layout Guillermo Bejarano, Vassiliki Tona (Umschlag)
Illustrationen Marlene Pohle, Ernesto Rodríguez
Druck LCL Dystrybucja Sp. z o.o.
Printed in Poland

ISBN 978-3-12-**515051**-5

9 783125 150515

Símbolos:

- Hörverstehensübungen, die mithilfe der CDs **aus dem Lehrbuch** gemacht werden
- Sprachliche Mittel
- Strategien
- Hinweis zu Grammatik

Spanisch A1/A2/B1+
Arbeitsbuch

Vía rápida

En autonomía – Con dinámica

María Cecilia Ainciburu
Elisabeth Tayefeh
Graciela Vázquez

Novela
Lourdes Miquel

Ernst Klett Sprachen
Stuttgart

1. El primer día de clase — A1 — 9

Más práctica
- Substantive und Adjektive einander zuordnen.
- Wörter nach Wortart, Genus und Numerus ordnen.
- Den bestimmten oder unbestimmten Artikel ergänzen.
- Texte mit konjugierten Verben im Präsens vervollständigen.
- Genus und Numerus bei Substantiven auf Konsonant.
- Dialoge mit **llamarse** und **ser** vervollständigen sowie Fragepronomen einsetzen.
- Text über eine Stadt vervollständigen und eigenen Text schreiben.
- Fragen und Antworten einander zuordnen.
- Anrede- und Abschiedsfloskeln einsetzen.
- Eine persönliche Vorstellung schriftlich und mündlich erarbeiten.
- Einen Dialog zwischen zwei Austauschstudenten ordnen.

Más textos
- Fragen zur Person hören und verstehen.
- Eine E-Mail lesen und den fehlenden Betreff ergänzen.
- Verben im Präsens ergänzen und das Ende des Textes selbst schreiben.
- Den eigenen Lernort vorstellen.

Más palabras
- Wortschatz zur Freizeitgestaltung.

2. Mi ciudad ideal — A1 — 17

Más práctica
- Kurze Texte mit unregelmäßigen Verben im Präsens vervollständigen und über Zukunftspläne schreiben.
- Pronomen in kurzen Texten einsetzen.
- Kurze Texte über Hobbys schreiben.
- Der Gebrauch von **también** und **tampoco**.
- Texte mit Possessiv- und Demonstrativbegleitern vervollständigen.
- Konnektoren anwenden und Fragen zu einem Land beantworten.
- Vokabular zu einer Stadt.
- **Ser**, **estar** und **hay** ergänzen.
- Der Gebrauch von Konnektoren.

Más textos
- Einen Text über eine spanische Stadt lesen und verstehen.
- Eine Zusammenfassung über Austauschprogramme vervollständigen.
- Ein Interview hören und verstehen.
- Sich mit kulturellen Klischees auseinandersetzen.
- Forumsbeiträge zum Thema "Stadt" lesen und eigenen Beitrag schreiben.

Más palabras
- Zwei Städte in Spanien oder Lateinamerika beschreiben und das Interesse an ihnen begründen.

3. Aprender una lengua es... — A1 — 25

Más práctica
- Texte über das "Lernen" mit Gerundiumformen vervollständigen.
- Mehrere Universitäten miteinander vergleichen.
- Der Gebrauch von **tener que** bei Ratschlägen.
- Der Unterschied zwischen **qué** und **cuál/cuáles** sowie der Gebrauch des Superlativs.
- Sätze mit Häufigkeitsangaben vervollständigen.
- Häufigkeitsangaben vergleichen.
- Der Gebrauch von **qué** und **cuál/cuáles** und Fragen beantworten.

Más textos
- Wortschatz zu Ländern und Sprachen in Europa und einen Text über eine geplante Reise schreiben.
- Einen Artikel über aussterbende Sprachen lesen und schreiben, was mit ihnen verloren geht.
- Einen Artikel schreiben und Vorschläge machen, wie man eine Sprache schützen könnte.

Más palabras
- Sprachstudenten sprechen über ihre Lerngewohnheiten.
- Wortschatz erarbeiten sowie über sich und die eigenen Lerngewohnheiten schreiben.

4. Mi primer día — A2 — 33

Más práctica
- Sätze durch Konnektoren miteinander verbinden.
- Konnektoren ergänzen.
- Präpositionen in Dialogen ergänzen.
- Verben mit Präposition ergänzen.
- Der Gebrauch der Objektpronomen (Akkusativ und Dativ).
- Dialoge mit Pronomen vervollständigen.
- Mengenangaben bei Adjektiven und Substantiven ergänzen.
- Die passenden Konnektoren auswählen.
- Objektpronomen (Akkusativ, Dativ) ergänzen.

Más textos
- Einen Text schreiben und darin Kohärenz durch den Gebrauch der Objektpronomen erreichen.
- Mündliche Beschreibungen von Orten verstehen. Spezifischen Wortschatz erarbeiten und einen Text zum Thema schreiben.
- Wegbeschreibungen mündlich formulieren.

Más palabras
- Wortschatz zu allgemeinen Hinweisschildern.
- Wortschatz zu Transportmitteln und erklären, wann und wozu man sie benutzt.

5. Se vende piso

A2

41

Más práctica
- Der Gebrauch von Imperativ und Konditional bei Rat- und Vorschlägen.
- Wohnungsangebote lesen und mündlich erklären, weshalb man sich für eine bestimmte Wohnung entschieden hat.
- Verben, Substantive und Zeitangaben miteinander verbinden und eine Aufgabenliste schreiben.
- Imperativformen ergänzen.
- Einen Text mit Artikel, Präpositionen und Angaben zur Reihenfolge vervollständigen.
- Einen Text über die tägliche Routine schreiben.
- Perfektformen ergänzen.
- Befehle mithilfe des Imperativs und direkten (Akkusativ) und indirekten (Dativ) Objektpronomen schreiben.
- Anzeigen lesen und verstehen.
- Eine kurze Anzeige schreiben.

Más textos
- Telefonanrufe abhören und verstehen.
- Einen im Perfekt abgefassten Text lesen und verstehen.
- Einen Text lesen und eine Zusammenfassung vervollständigen.
- Ein Gespräch abhören und dazu mündlich Stellung nehmen.

Más palabras
- Mündlicher oder schriftlicher Ausdruck anhand von Zeitangaben und Konnektoren.
- Wortschatz zu Einrichtungsgegenständen.

6. Cuando estuve en Buenos Aires...

A2

49

Más práctica
- Der Gebrauch des Subjuntivo und der bejahte oder verneinte Imperativ bei Ratschlägen.
- Der verneinte Imperativ und die Objektpronomen (Akkusativ und Dativ).
- Der Gebrauch des Indefinido. Regelmäßige und unregelmäßige Formen.
- Zeitangaben für den Gebrauch von Perfekt und Indefinido.
- Der Gebrauch der Vergangenheitszeiten.
- Der Gebrauch von **ser** und **estar** im Indefinido.
- Umwandlung von Sätzen mit unpersönlichem **se**.
- Das unpersönliche **se**.
- Adjektive mit **ser** und Adjektive mit **estar**.

Más textos
- Erfahrungsberichte über Auslandsaufenthalte anhören und verstehen.
- Grafiken interpretieren und erklären.

Más palabras
- Wortfamilien zusammenstellen.
- Ein Wortnetz mit Begriffen aus demselben semantischen Feld vervollständigen.

7. ¡A la mesa!

A2

57

Más práctica
- Texte mit Gerundium vervollständigen.
- Verben in Vergangenheitszeiten in einem Erfahrungsbericht ergänzen.
- Imperfektformen ergänzen.
- Verbalperiphrasen mit Gerundium einsetzen.
- Glückwunschkarten schreiben.
- Empfehlungen und Anweisungen ergänzen und Anweisungen formulieren.

Más textos
- Einen Text über Gebräuche und Traditionen in der spanischsprachigen Welt lesen und verstehen. Darauf aufbauend einen eigenen Text schreiben.
- Aussagen über Essgewohnheiten hören und verstehen.

Más palabras
- Wortschatz zum Thema "Essen" wiederholen und anwenden. Anweisungen zum Nachkochen eines Rezepts aufschreiben.
- Wortbildung mit Präfixen und Suffixen.

8. Aquel día...

A2

65

Más práctica
- Indefinido und Imperfekt im Kontrast. Verschiedene Textbeispiele.
- Schriftlich oder mündlich von besonderen Begebenheiten erzählen, Übung zur Beschreibung von Umständen und Geschehnissen.
- Einen Text mit Verben in der richtigen Vergangenheitszeit vervollständigen.
- Imperfekt und Indefinido in einem Dialog ergänzen.
- Eine Inhaltsangabe lesen und Verben im Präsens durch Imperfekt oder Indefinido ersetzen.
- Der Gebrauch von **desde... hasta**, **desde que**, **desde hace**, **hace... que** , **desde**, **entre** und **hace**.
- Der Gebrauch von **por** und **para**.

Más textos
- Präpositionen in einem biografischen Text ergänzen.
- Der Gebrauch von **estar** + Gerundium in einem Text mit Vergangenheitszeiten.
- Den Bericht aus dem Studentenleben einer jungen Frau hören und verstehen.

Más palabras
- Wortschatz zum Aussehen von Personen und der Bewertung von (Kino-)Filmen.

9. Haciendo memoria

B1 73

Más práctica
- Der Gebrauch von Indikativ und Subjuntivo.
- Ein Telefongespräch mit Verben im Indikativ- oder Subjuntivo vervollständigen.
- Der Gebrauch von Subjuntivo, Indikativ oder Infinitiv.
- Der Gebrauch des Subjuntivo bei Ratschlägen.
- Das Plusquamperfekt als Ausdruck der Vergangenheit.
- Der Gebrauch unterschiedlicher Vergangenheitszeiten in einem literarischen Text.
- Der Gebrauch von **cuando** mit Indikativ oder Subjuntivo.
- Der Gebrauch von Perfekt, Imperfekt oder Plusquamperfekt.

Más textos
- Einen Text lesen und die eigene Meinung dazu äußern.
- Der Gebrauch von **Es cierto que...** + Indikativ und **No es cierto que...** + Subjuntivo.

Más palabras
- Wörter auf **-era**/**-ero** ordnen, Berufsbezeichnungen bilden und mit dem neuen Wortschatz eine kurze Geschichte schreiben.

Novela
1. Kapitel: **Olvidar, irse**

10. La felicidad

B1 83

Más práctica
- Texte mit den Konnektoren **para** / **para que** vervollständigen.
- Der Gebrauch von Zeitangaben zum Strukturieren eines Textes.
- Schriftliche Formen einer Entschuldigung.
- Der Gebrauch von **así que**, **porque**, **por**.
- Der Gebrauch von Indikativ oder Subjuntivo bei Meinungsäußerung.
- Mit Gefühlsäußerungen auf Neuigkeiten reagieren.
- Pressemeldungen lesen, verstehen und kommentieren.
- Texte mit Imperfekt und Subjuntivo vervollständigen.

Más textos
- Die Ausführungen verschiedener Personen hören und sich das unbekannte Vokabular selbst erarbeiten.
- Einen Text lesen und schriftlich Ratschläge geben.

Más palabras
- Ausdrücke zur Befindlichkeit zusammensetzen und ihre Bedeutung erklären.

Novela
2. Kapitel: **Embarcarse, volar**

11. Piensa globalmente, actúa localmente

B1 93

Más práctica
- Verben im Futur einsetzen.
- Der Gebrauch des Imperativs bei Ratschlägen und Bedingungen.
- Der Gebrauch von Konditional und Imperativ bei Anweisungen.
- Der Gebrauch des Konditionals bei Ratschlägen und Hinweisen.
- Der Gebrauch des Futurs, um Vermutungen auszudrücken.
- Die persönliche Situation in der Gegenwart, Vergangenheit und Zukunft beschreiben.
- Eine Bewerbung zur Teilnahme an einem Projekt schreiben.

Más textos
- Einen Text über biologische Nahrungsmittel lesen und verstehen.
- Die Gründe gegen eine unternehmerische Initiative in Argentinien hören und verstehen.

Más palabras
- Wortschatz zu Umweltproblemen, Natur und Zukunftsperspektiven für die Erde in einem Text anwenden.

Novela
3. Kapitel: **Entrevistarse, dejarse llevar**

12. ¿A qué dedicas el tiempo libre?

B1 103

Más practica
- Markierte Satzteile durch Verbalperiphrasen ersetzen.
- Dialoge mit Verben oder Verbalperiphrasen vervollständigen.
- Sätze mit Verbalperiphrasen vervoll-ständigen und einander zuordnen.
- Einen Text in direkter Rede in die indirekte Rede umschreiben.
- Der Gebrauch der indirekten Rede.

Más textos
- Eine Unterhaltung hören und die eigene Meinung begründen. Eine E-Mail mit einem Vorschlag zur gemeinsamen Freizeitgestaltung schreiben.
- Einen literarischen Text lesen, verstehen und sich schriftlich dazu äußern.
- Einen literarischen Text lesen, verstehen und den neuen Wortschatz in einer Buchbesprechung anwenden.

Más palabras
- Anweisung in fünf Schritten formulieren und damit zu einem gesteckten Ziel gelangen.
- Wortschatzarbeit. Synonyme für das Verb **decir**.

Novela
4. Kapitel: **Disfrutar, sorprenderse**

13. El amor es ciego — B1+ — 113

Más práctica
- Die passenden Pronomen wählen und damit den Bericht über eine Auswanderung vervollständigen. Das offene Ende selbst erfinden.
- Einen Text mit Relativpronomen vervollständigen.
- Relativsätze, erklärende oder unterscheidende Sätze mit **que** bilden.
- Sätze umwandeln und dafür die korrekten Formen von **quien** benutzen.
- Sätze mit Relativpronomen bilden.
- Reflexive und reziproke Verben voneinander unterscheiden.
- Einen Text mit Verben im Indikativ oder Subjuntivo vervollständigen und Ratschläge formulieren.

Más textos
- Einen Artikel über Umfrageergebnisse lesen und Fragen formulieren. Eine Umfrage beantworten.
- Ein Gedicht lesen und Metaphern erklären.
- Wörter ordnen, je nachdem, ob sie eine Person oder eine Beziehung kennzeichnen.
- Drei Personen beschreiben, die über ihre Herzensangelegenheiten sprechen. Sich selbst beschreiben.

Más palabras
- Ausdrücke mit **mano** und Definitionen einander zuordnen. Sätze vervollständigen.

Novela
5. Kapitel: **Viajar, enamorarse**

14. Mundo sin fronteras — B1+ — 123

Más práctica
- Die Substantivierung von Verben.
- Sätze mit den passenden Konnektoren vervollständigen.
- Das unpersönliche **se** in wissenschaftlichen Texten.
- Dialoge mit betonten Possessivbegleitern vervollständigen.
- Sätze mit Indikativ oder Subjuntivo vervollständigen.

Más textos
- Einen Artikel über die Aus- und die Einwanderung nach Spanien lesen. Die wichtigsten Gedanken zusammenfassen. Ausdrücke erklären und Sätze vervollständigen.
- Ein Interview hören und verstehen. Einen Leserbrief schreiben.
- Einen Artikel über Gewalt gegen Frauen in Mexiko lesen. Den Wortschatz dazu erarbeiten. Bestimmte Informationen aus dem Text herausfiltern.

Más palabras
- Verben mit Präposition ordnen und im richtigen Kontext anwenden. Ausdrücke definieren.

Novela
6. Kapitel: **Buscar, encontrar**

15. Revista *Campus ELE* — B1+ — 133

Más práctica
- Den Leitartikel einer Zeitung vervollständigen, die einzelnen Sparten bestimmen und beschreiben.
- **Ser** oder **estar** ergänzen.
- Sätze umwandeln und dazu **estar** + Partizip oder **estar** + Adjektiv benutzen.
- Nuancierungen erkennen. Einen Text so umschreiben, dass er Sicherheit statt Vorsicht ausdrückt. Einen argumentativen Text mithilfe von Nuancierungen schreiben.

Más textos
- Einen Blogbeitrag zum Für und Wider von elektrischen Autos schreiben.
- Zwei Leserbriefe schreiben. Einer spricht sich für die aufgestellten Thesen aus, einer dagegen.
- Texte danach ordnen, ob sie vorsichtig oder kategorisch abgefasst sind. Mit eigenen Worten einige Begriffe im Text erklären.
- Eine Rede lesen und Vermutungen darüber anstellen, in welchem Zusammenhang sie gehalten wurde. Alles für eine Zeitung zusammenfassen.

Más palabras
- Einen Text über das Klima in den Tropen lesen und den bekannten Wortschatz zu Wetter und Klima ordnen. Das Wetter eines ganzen Tages beschreiben.

Novela
7. Kapitel: **Comprender, descubrir**
Nachwort: **Volver**

Soluciones — 144

Mapas — 158

Bildnachweis — 160

¿Cómo funciona el **Cuaderno de ejercicios de Vía rápida**?

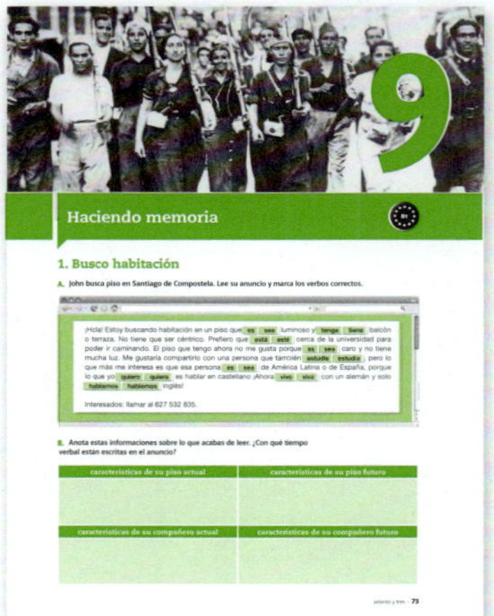

9

Haciendo memoria

1. Busco habitación

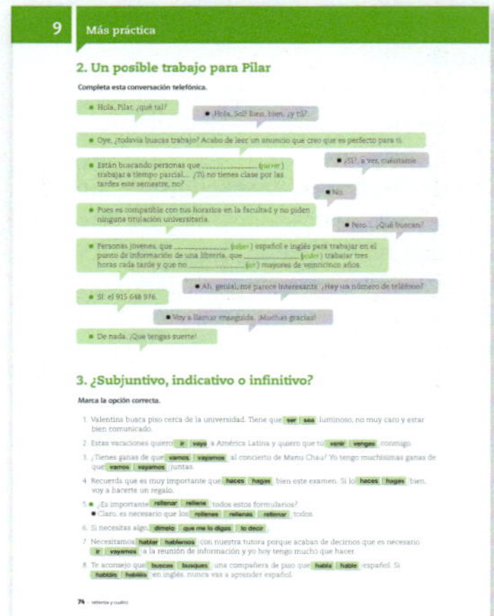

9 Más práctica

2. Un posible trabajo para Pilar

3. ¿Subjuntivo, indicativo o infinitivo?

Más práctica

Das **Arbeitsbuch** zu **Vía rápida** bietet eine Fülle zusätzlicher Übungen, die selbstständig oder im Unterricht gemacht werden können und die Lernenden dabei unterstützen, das im Lehrbuch erworbene Wissen zu festigen. Der Abschnitt **Más práctica** widmet sich besonders den Redemitteln und grammatikalischen Strukturen. Das Gelernte soll sich auf diese Weise einschleifen.

Más textos

Dieser Teil besteht aus **schriftlichen** und jeweils einer **Hörverstehensübung**. Damit werden **Lese-** und **Hörverstehensstrategieen** geübt. Die angegebenen CDs befinden sich im Lehrbuch. Es werden lektürevorbereitende Übungen, Wortschatzarbeit sowie Strukturübungen vorgeschlagen, die zum Textverständnis notwendig sind.

Auch **Vorschläge zur** eigenen, meist **schriftlichen Produktion**, werden gemacht und dienen dazu, das einzubringen, was beim Lesen oder Hören verstanden worden ist.

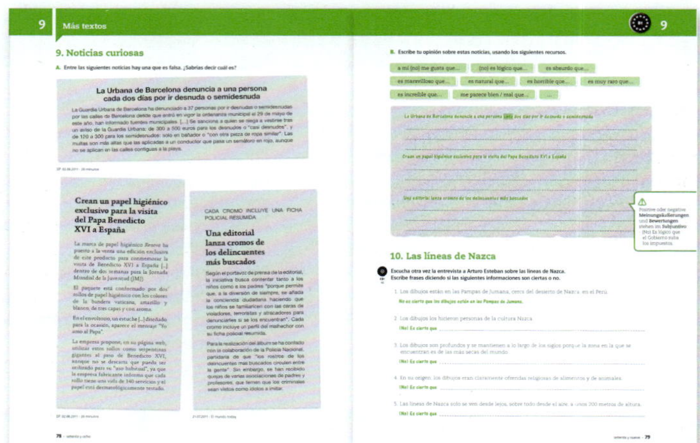

9 Más textos

9. Noticias curiosas

La Urbana de Barcelona denuncia a una persona cada dos días por ir desnuda o semidesnuda

Crean un papel higiénico exclusivo para la visita del Papa Benedicto XVI a España

Una editorial lanza cromos de los delincuentes más buscados

10. Las líneas de Nazca

9 Más palabras

11. ¿Profesión u objeto?

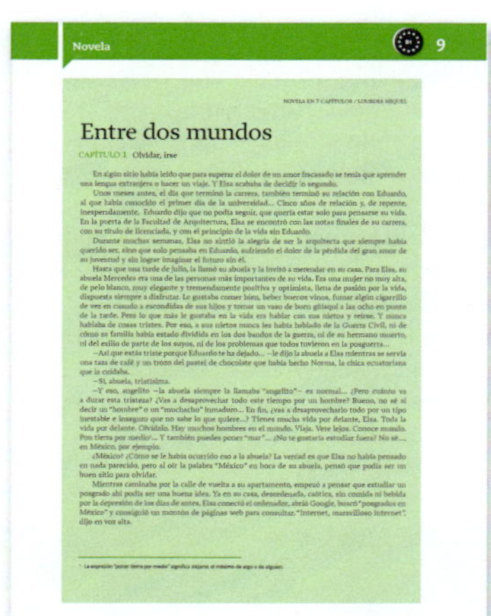

Novela

Entre dos mundos

Novela

Die Erzählung in sieben Kapiteln ist ein **Lektürevorschlag für Niveaustufe B1 und B1+** und beginnt ab Lektion 9.

Mit dieser Lektüre sollen die Lernenden ermutigt werden, sehr lange Texte selbständig auf Spanisch zu lesen.

Sie ist ihrem Niveau angepasst. In den Fußnoten werden schwierige Wörter oder kulturelle Aspekte erklärt.

Más palabras

Mit unterschiedlichen Übungen sollen die Lernenden nicht nur den erworbenen Wortschatz festigen und erweitern, sondern auch unterschiedliche Strategien kennenlernen, die sie beim weiteren Lernen von Fremdsprachen nutzen können. Wörter zu definieren, Ableitungen zu entdecken, Wortfamilien zu bilden oder in einem passenden Zusammenhang Wörter eines semantischen Wortfeldes zu gebrauchen, sind einige der Vorschläge in diesem Abschnitt.

1

El primer día de clase

A1

1. Palabras relacionadas

Welche Kombinationen sind möglich?

sustantivos	adjetivos
música	simpáticos
persona	sociables
amigo	amable
amiga	optimista
estudiantes	serias
secretaria	moderna
universidad	antigua
ciudad	maravillosa
	pública
	trabajadores

(música → moderna)

Denke daran: Vielleicht **ähneln** einige **spanische Wörter denen deiner Muttersprache** oder einer anderen Sprache, die du kennst.

2. ¿Singular o plural?

Welche Wörter stehen in der Einzahl, welche in der Mehrzahl? Trage sie auf der nächsten Seite in die Tabelle ein.

alegres · clase · simpático · importante · discoteca · pequeño · carreras · lenguas

interesante · chico · barrios · pública · privada · teléfonos · deporte · amigas

páginas · amables · prestigiosas · música · seria · grande · modernos · sociables

sustantivos			
masculino		femenino	
singular	plural	singular	plural

adjetivos			
masculino		femenino	
singular	plural	singular	plural

3. ¿Artículo definido o indefinido?

Bestimmter oder unbestimmter Artikel? Vervollständige die Sätze.

1. Esta es <u>la</u> amiga de Iñaki, se llama Paloma. Es <u>una</u> amiga del curso de español.
2. .... Universidad Nacional de Córdoba es .... universidad muy antigua.
3. Paloma tiene .... amigo mexicano que se llama Luis. .... universidad de Luis es .... Universidad de Guadalajara.
4. .... hermano pequeño de Luis vive en La Habana. La Habana es .... capital de Cuba.
5. Mi universidad se llama Carlos III. Está en el norte de Madrid, en .... campus bastante grande. Es .... campus de Colmenarejo.

4. Yo soy...

Vervollständige die Texte mit der entsprechenden Verbform im Präsens.

ser | ser | ser | tener | tener | vivir | estudiar | gustar | estar | estar | buscar

Hola, ______ Lorena Robles Ramírez y ______ 20 años. Soy de Zacatecas, pero ______ con mi familia en Guadalajara. Estudio Ciencias Económicas. Mi carrera ______ muy interesante. ______ una hermana y dos hermanos. En mi tiempo libre ______ alemán. Me ______ mucho leer, navegar por internet y salir con mis amigas.

Esta ______ mi universidad. Es la Universidad Nacional de Córdoba y ______ en Argentina. Es la más antigua (1613) y la más grande después de la UBA, la Universidad de Buenos Aires. Aquí puedes estudiar todas las carreras. Si ______ un curso para aprender español, la Facultad de Lenguas ______ en la ciudad universitaria.

5. Plurales acabados en -es

Erinnerst du dich an den Singular der Substantive, die auf Konsonant enden? Welcher Artikel gehört jeweils dazu? Vervollständige die Tabelle.

plural	singular	el / la
redes		
países		
excursiones		
universidades		
informaciones		
facultades		
ciudades		
crisis		
campus		
naciones		

Lerne die Substantive immer mit **Artikel** und der entsprechenden **Pluralform**.

6. Presentaciones

A. Vervollständige die Dialoge mit der richtigen Verbform von llamarse und ser.

1. ▫ ¡Hola! ¿Cómo .... ?
   ▪ Ana, ¿y tú?
2. ▫ ¿Cómo .... tu amigo?
   ▪ Se llama Jon. Es vasco.
3. ▫ Yo .... Fernando. ¿Y tú?
   ▪ Marcela.
4. ▫ Usted .... Mario González, ¿no?
   ▪ No, ... Mario Domínguez.
5. ▫ ¡Hola! ¿Tú .... Edith?
   ▪ No, yo .... Sofía.

B. Vervollständige diese Dialoge zwischen einigen Spanischlernenden.

para qué | qué | dónde | cuál/cuáles | de dónde

1. ▫ ¿..?
   ▪ De San Petersburgo.
2. ▫ ¿De San Petersburgo? ¿..?
   ▪ En Rusia.
   ▫ Ah... ¿Y ....?
   ▪ Para viajar por Sudamérica el año que viene.
3. ▫ ¿.. tus aficiones?
   ▪ Toco la guitarra y hago excursiones a la sierra. ¿..?
   ▫ Yo hago deporte y estoy en un grupo de teatro.
4. ▫ ¿..?
   ▪ Estudio Filosofía en la Universidad de Barcelona.

7. Mi ciudad

A. **Thomas nimmt an einen Klassenforum teil, um über seine Stadt zu berichten. Setze die fehlenden Wörter ein.**

es | está | se llama | es | conciertos | está | es | Inglaterra | está | norte | museos

¡Habla de tu ciudad!

Mi ciudad ______ Londres y ______ la capital de ______. En Londres ______ Piccadilly Circus, que ______ una plaza muy famosa. Londres ______ en el sur de Gran Bretaña, que ______ en el ______ de Europa. Londres ______ famosa por su oferta cultural en general, como sus ______ y sus salas de ______.

B. **Schreibe nun einen ähnlichen Text über deine Stadt.**

8. Preguntas y respuestas

Verbinde jede Frage mit einer passenden Antwort. Manchmal sind auch mehrere Antworten möglich.

1. ¿Cómo te llamas?	No, soy de Rosario.
2. ¿Eres peruana?	Sí, ¿y tú?
3. ¿Estudias Literatura?	Sí, soy gallega, pero estudio en Madrid.
4. ¿Tú eres de Valencia?	No, soy de Madrid.
5. Tú eres de Buenos Aires, ¿no?	No lo sé.
6. No eres de Granada, ¿no?	Pues no, no lo soy.
7. John es de Nueva York, ¿no?	Jon, soy vasco.
8. Tú eres de Vigo, ¿verdad?	No, estudio Filosofía.

9. Saludos y despedidas

Vervollständige die Dialoge. In welchen begrüßen und in welchen verabschieden sich die Leute?

1. ▫ Buenos ....
   ▪ ....

2. ▫ Buenas ....
   ▪ ....

3. ▫ Hola, ¿qué ....? Soy Gloria.
   ▪ ....

4. ▫ Hola, ¿.................. estás?
   ▪ ....

5. ▫ ¡.................. luego!
   ▪ ....

6. ▫ ¡Nos vemos ....!
   ▪ ....

10. Preséntate

A. Fülle diese Karten mit den Angaben zu deiner Person aus.

Información personal
(nombre, edad, nacionalidad...)

Me llamo...

Para qué estudias español

Estudio español para...

Aficiones

En mi tiempo libre...

B. Stelle dich mithilfe der Karten vor. Nimm dich auf und überlege, was du noch verbessern kannst.

11. Álex y Matias

Der junge Spanier Álex und der junge Franzose Matias lernen sich bei ihrem ersten Austausch kennen. Nummeriere ihre Unterhaltung in der richtigen Reihenfolge.

5 Bien, gracias.

1 ¡Hola! ¿Eres Álex?

9 Me gusta su clima, su cultura, sus paisajes, su gastronomía, su gente...

10 Y tú, ¿por qué aprendes francés?

3 Sí.

7 Para vivir en España. Me gusta mucho España.

12 ¿Y te gusta Francia?

2 Sí. Y tú eres Matias, ¿no?

6 ¡Muy bien! ¿Tú para qué quieres aprender español?

8 ¿Ah sí? ¿Por qué?

13 Sí, ¡mucho!

4 ¿Qué tal?

11 Yo quiero aprender francés porque trabajo en una empresa francesa.

12. Datos personales

CD1 8

A. Höre die Unterhaltung. Wie bittet man Heike um die folgende Information?

- Heike — *¿Tu nombre, por favor?*
- Neumann — ……
- Alemania — ……
- Informática — ……
- mi cumpleaños es el doce de marzo — ……
- 01623456789 — ……
- heike_n@uni-bremen.de — ……
- vivo y estudio en Bremen — ……

B. Wenn du noch weitere Fragen zu persönlichen Angaben stellen kannst, dann schreibe sie auf.

13. Asunto: ...

Lies folgende E-Mails und trage den Betreff ein.

Asunto:

Hola, Iñaki:

Necesito el correo electrónico de la Escuela Internacional de Diseño de tu ciudad. Mary quiere estudiar allí. Y tú, ¿cómo estás?... Bueno, gracias, pronto chateamos.

Chau,

Patricia

Asunto:

Hola:

Tengo mucho tiempo e interés y quiero aprender español. Necesito la lengua para estudiar en Latinoamérica. Si quieres, podemos hacer un tándem alemán-español.

Hasta pronto,

Sven

14. Taller de escritura

Vervollständige den Text und schreibe ein mögliches Ende.

_______ (*trabajar / yo*) en _______ barrio muy tranquilo de _______ ciudad. Cada día, cuando voy a trabajar, _______ (*saludar*) a mis compañeros de trabajo: ¡ _______ !
Ellos _______ (*responder*): ¡ _______ !
En _______ trabajo hay _______ compañero que nunca me _______ (*saludar*). Él _______ (*llamarse*) Pablo y _______ (*ser*) un chico bastante antipático. Los otros compañeros _______ (*ser*) muy divertidos, pero Pablo (*ser*) _______ muy aburrido. _______ (*creer / yo*) que no _______ (*ser / él*) feliz con ese trabajo.
Pablo es ....

15. Yo estudio en…

Stelle deine Universität oder die Einrichtung vor, in der du lernst. Trage alle erforderlichen Angaben ein und schreibe alles auf, was du über deinen Lernort sagen kannst.

Nombre: ....
Ciudad: ....
Facultades importantes: ....
Campus (nombres): ....
Año de fundación: ....
Pública o privada: ....

16. Actividades

A. Verbinde die Elemente der beiden Spalten. Es kann mehrere Möglichkeiten geben.

- jugar
- practicar
- tocar
- ir
- hacer

- al fútbol
- la guitarra
- deporte
- a la videoconsola
- el piano
- al baloncesto
- al dominó
- excursiones
- de bares
- música

jugar → al baloncesto

B. Kennst du noch weitere Begriffe auf Spanisch?

deportes	instrumentos	juegos
baloncesto	*piano*	*dominó*

C. Was machen diese Personen? Es gibt mehrere mögliche Antworten.

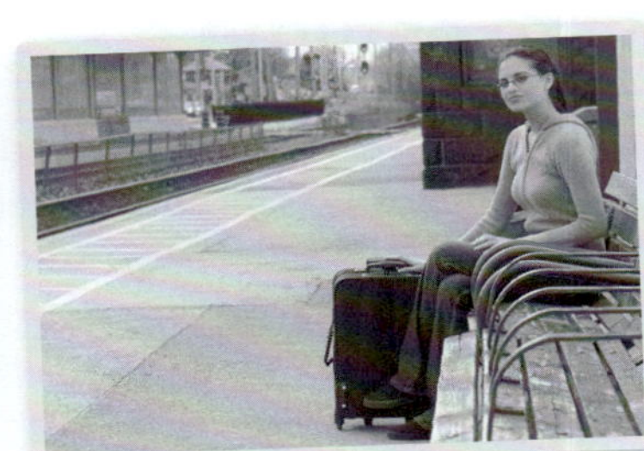

2 Mi ciudad ideal

A1

1. Yo y mi mundo

A. **Diese Verben weisen im Indikativ Präsens Unregelmäßigkeiten auf. Trage die unregelmäßigen Formen in die Tabelle ein.**

decir | dormir | poder | querer | entender | elegir | tener | repetir | pedir | pensar

e > ie	o > ue	e > i
querer > quiero, quieres, quiere, quieren		

B. **Suche in der Tabelle nach Änderungen bei den Konsonanten und markiere diese.**

C. **Setze die Verben in Klammern in die richtige Form.**

1. En uno de los anuncios "Busco tándem" hay una chica argentina que .... (*querer*) aprender sueco. También .... (*decir*) que .... (*poder*) dar clases de tango. ¿Te interesa?
2. Somos un grupo de chicas francesas. El semestre que viene nos gustaría estudiar en una ciudad latinoamericana. .... (*preferir*) una ciudad mediana, con playa, por ejemplo Mar del Plata. Si .... (*tener*) mucha vida cultural, mejor.
3. Jan y su amiga Chiara .... (*pensar*) pasar un semestre en Bilbao. .... (*pedir*) información en la Oficina Erasmus de su universidad. Allí una persona les .... (*decir*) que este semestre no hay becas, pero, si .... (*querer*), ... (*poder*) hacer primero un curso de euskera en Pamplona.
4. Si .... (*querer / tú*) participar en un grupo de teatro, ... (*poder*) preguntar en la Facultad de Letras o mirar la página web. Allí .... (*decir*) cuándo son las clases.
5. Mi profesora de español .... (*elegir*) ejercicios interesantes para practicar el vocabulario y nos pregunta si .... (*entender*) las reglas gramaticales. Ella .... (*repetir*) y .... (*repetir*) las explicaciones. Le .... (*pedir / yo*) ejercicios cuando .... (*querer*) practicar más.

D. **Erzähle, was du nächstes Jahr machen wirst. Dazu kannst du folgende Wörter benutzen.**

quiero | pienso | voy a

....

....

....

....

....

· Quiero + Infinitiv
· Pienso + Infinitiv
· Voy a + Infinitiv

2. Gustos

Vervollständige die Sätze mit den entsprechenden Pronomen.

1. ¿A ti .... gusta hacer deporte?
   - A .... no.
2. ¿A ustedes .... interesan los museos?
   - ¡Sí, ... encantan!
3. ¿A ti y a tu amiga .... gustan los restaurantes argentinos?
   - ¡Claro!
4. ¿A tu profesora .... gusta hacer exámenes?
   - No sé.
5. ¿A vosotras .... gusta el teatro?
   - Bastante.
6. ¿A tu pareja .... interesa la política?
   - Sí, sí.
7. ¿A Javier .... gusta vivir en la ciudad?
   - No mucho.
8. A .... no .... gusta estudiar gramática, ¿y a ti?
   - A .... sí.

3. Algo en común

A. **Formuliere Sätze in denen du erklärst, welche Vorlieben du mit anderen teilst und welche nicht.**

escuchar música | charlar con amigos | hacer deporte | la comida italiana | viajar | chatear | mirar la televisión | leer libros | la naturaleza | ir a la montaña | bailar salsa | vivir en la ciudad | escribir en un blog | ir al fútbol | hablar de política | las galerías de arte

A mí me gusta escuchar música y a él mirar la televisión.

A los dos nos encanta bailar salsa.

....

....

....

....

· gustar + Infinitiv / Substantiv
· encantar + Infinitiv / Substantiv
· interesar + Infinitiv / Substantiv

B. **Was für Vorlieben hast du? Und deine Familie und Freunde? Verbinde die Elemente der beiden Spalten und formuliere Sätze.**

a mí	leer
a mi padre	aprender idiomas
a mi madre	viajar
a mis hermanos	el cine
a mi amigo	el fútbol
a mis amigos y a mí	la vida nocturna

⚠
· <u>A mí me gustan las mañanas.</u>
(Dativpronomen + Verb + Subjekt)
· <u>Yo me levanto a las seis.</u>
(Subjekt + Verb + Ergänzung)

· Parecer + Wertung (fascinante, aburrido, interesante, fantástico…) + Infinitiv / Substantiv

A mi padre no le gusta el fútbol, pero le encanta leer.

....

....

....

4. ¿Tú también estudias español?

Vervollständige die Dialoge.

1. ○ Yo no hablo polaco y tampoco ruso.
   ● Yo ....
2. ○ Yo soy argentina.
   ● ¿Y Alejandra?
   ○ ....
3. ○ ¿Vives en Japón?
   ● No.
   ○ Yo ....
4. ○ Ángeles vive sola.
   ● Pablo ....
5. ○ Jordi es de Barcelona.
   ● Su amiga ....
6. ○ ¿Vamos al cine?
   ● Hoy no puedo.
   ○ ¿Y mañana?
   ● Mañana .... puedo.

5. ¿De quién es?

A. **Vervollständige die Sätze mit den entsprechenden Possessivbegleitern.**

1. **Diese Gegenstände gehören Ana:** Este es .... móvil, estos son .... libros, esta es .... tarjeta de crédito y estas son .... llaves.
2. **In meinem Rucksack habe ich ein Notizbuch, einen Geldbeutel, die Schlüssel und das Handy:** Es .... agenda, es .... billetera, son .... llaves, es .... móvil.
3. **Mein Freund und ich, wir haben zwei Kreditkarten, zwei Handys und zwei Schlüssel:** Son .... tarjetas, ... móviles y .... llaves.
4. **Es fragt euch jemand:** ¿De quién son estas cosas que están aquí? ¿Este es .... diccionario? ¿Esta es .... agenda? ¿Este es .... libro de español?

B. Achte auf die unterstrichenen Wörter und vervollständige die Sätze mit den entsprechenden Demonstrativbegleitern.

1. ¿Este es tu móvil?
   - No. Mi móvil es *ese* que está ahí.
2. ¿Esta es tu mochila?
   - Sí, es .... de aquí.
3. ¿Estos son tus zapatos?
   - No, son .... de ahí.
4. ¿Este es tu libro?
   - No, es .... que ves allí.
5. ¿Estas son tus tarjetas de crédito?
   - Sí, son .... que tengo aquí.
6. ¿Esta es tu agenda?
   - No, es .... de ahí.

6. El mundo en español

A. Vervollständige den Text mit folgenden Konnektoren.

también | pero | sino

En Guatemala, Perú, Bolivia y Paraguay no solo se habla castellano, ______ ______ lenguas indígenas. En Bolivia, por ejemplo, se habla aimara y quechua, y ______ se habla español. Todas ellas son lenguas oficiales. En México existen muchas lenguas indígenas, ______ no todas son oficiales. Yo tengo un amigo que habla castellano, alemán y ______ guaraní.
Por cierto, hay otro país en el que ______ se habla español, ______ que no está en América ni en Europa, ______ en África. ¿Sabes qué país es?

B. Kannst du die Frage im Text beantworten? Wenn du es nicht weißt, dann suche im Internet danach. Fülle anschließend die Karteikarte aus.

Suche nur die Information, die dich wirklich interessiert. Nicht alles, was du zum Thema findest, musst du verstehen.

Nombre: ....
Lenguas oficiales: ....
Capital: ....
Clima: ....

7. La ciudad de Laura

A. Laura beschreibt ihre Stadt. Vervollständige den Text.

gimnasio | parque | comercios | museos | restaurantes | discotecas | Facultad | cines | galerías de arte

Vivo en un barrio de Buenos Aires. Se llama Caballito. Es tranquilo y hay muchos ______: Hay muchos ______ donde se puede comer bien y los precios no son muy altos. La oferta cultural es bastante buena porque tenemos varias ______ y cinco ______. Teatros no hay. Si quieres practicar deportes, puedes ir a un ______ que está en la calle Rivadavia y se llama "Club Italiano", ______ también hay muchos, especialmente cerca de la ______ de Filosofía y Letras de la UBA, que está en la calle Puán. Yo vivo cerca de un ______, en la Plaza Irlanda. No sé si hay ______: a mí no me gusta ir a bailar.

B. Markiere die Formen von ser, estar und hay. Wann werden sie gebraucht?

8. Hablar de los lugares

Vervollständige die Sätze mit der richtigen Form von ser, estar oder hay.

1. ◻ ¿ ______ una biblioteca cerca?
   ■ Sí, ______ una en la Facultad de Ingeniería.

2. ◻ Tobías ______ chileno, de Santiago, pero estudia en una universidad que ______ en el norte de Chile.
   ■ ¿Sabes cómo se llama?
   ◻ No sé, pero ______ una universidad grande.

3. ◻ ¿Qué buscas?
   ■ El móvil. ¿Sabes dónde ______?
   ◻ En el coche ______ uno.
   ■ Ese móvil ______ de Maite.

4. ◻ Perdone, ¿ ______ un supermercado en esta calle?
   ■ Sí, pero ______ un poco lejos.

5. ◻ Mira, aquí tienes unos anuncios, ______ muchas personas que quieren un tándem.
   ■ ¡ ______ verdad! " ______ dos estudiantes ingleses y buscamos un tándem para clases de español."

6. ◻ Federico dice: " ______ italiano y ______ en Granada con un intercambio. Me gusta mucho la universidad: los cursos ______ muy interesantes. En una de mis clases ______ una chica finlandesa muy simpática. Se llama Hannele, ______ de Jyväskylä".

9. Conectores

Vervollständige den Text mit folgenden Wörtern.

pero | además | porque | también | solo | sino

1. A los italianos de mi clase les encanta el español, no .... porque les gustan la música y los bailes latinoamericanos, ... porque creen que cuando escuchan español, entienden casi todo.
2. Yo a veces hablo con errores, ... me gusta practicar con los extranjeros.
3. A mi compañera de piso le encantan las clases donde tiene que hacer algo: por ejemplo, escribir un texto o hacer una exposición oral. .... le gusta leer textos, ... tener clases de gramática no le gusta demasiado: siempre quiere un libro para estudiarla en casa. .... le gusta trabajar sin diccionario.
4. En mi universidad hay muchos estudiantes de Filología Hispánica que quieren participar en programas Erasmus con universidades de España. ...., muchos estudiantes de Economía quieren hacer intercambios con países latinoamericanos .... piensan que esos países son interesantes para el sector de los negocios.

10. Conocer una ciudad

A. Die folgenden Informationen betreffen eine berühmte Stadt in Spanien. Um welche Stadt handelt es sich?

.... es una ciudad que está en el sur de España. Es una ciudad pequeña y es famosa porque es una ciudad universitaria. En .... hay muchos bares de tapas y mucho movimiento cultural. .... está en las montañas y tiene lugares muy especiales, como el barrio del Albaicín o la Alhambra, que es uno de los lugares más turísticos de España.

B. Schreibe einen ähnlichen Text über eine andere Stadt in der spanischsprachigen Welt.

11. Erasmus

A. Lies diesen Text über ein Mobilitätsprogramm für Studenten.

ESTUDIANTES

Programas de intercambio de la UE

La Unión Europea tiene diferentes programas de intercambio para estudiantes. Erasmus es el programa más famoso de movilidad estudiantil.
Más de 150000 jóvenes de Europa van todos los años con este programa a estudiar a otra universidad europea entre tres meses y un año. Pero la Comisión Europea ofrece más posibilidades de formación para estudiantes, profesionales y docentes.
El nuevo programa de estudios y formación, el Programa de Aprendizaje Permanente, mejora las posibilidades de formación en todas las etapas de la vida: la educación secundaria, la universidad, la formación profesional y la educación superior.
Erasmus Mundus es un programa para cursos internacionales de máster y postgrado. En él participan no solo universidades europeas, sino de todos los continentes. Los cursos pueden ser de uno o dos años. En la página web hay una lista completa de los programas. También se puede ver qué universidades los organizan.
Erasmus Mundus quiere mejorar la cooperación entre las universidades y también la formación del personal docente.
El nuevo programa empieza en 2007 y termina en 2013. Se financia con 7000 millones de euros.

B. Wenn du den Text verstanden hast, kannst du die Zusammenfassung vervollständigen.

El programa de intercambio más famoso de la Unión Europea se llama .... Los jóvenes que se van a otra universidad están allí entre tres y .... meses. Ahora hay un .... programa que es para personas en ....; es el ...., otro programa es .... En él no solo hay cursos internacionales de máster y postgrado. También mejora la .... entre las universidades. Es un programa para un período de .... años.

12. Salamanca

CD1 16

Höre das Interview mit Nuria Sanchís, der Verantwortlichen des Tourismusbüros von Salamanca, und mache dir Notizen. Schreibe anschließend eine Zusammenfassung.

es

tiene

es famosa por

Salamanca es una ciudad atractiva para un estudiante Erasmus. Tiene...

....

....

13. El típico...

A. Bist du ein/e typische/r Vertreter/in deines Landes? Juan Manuel erklärt in seinem Blog, welche Klischees über sein Land, Spanien, bestehen, welchen er entspricht und welchen nicht.

Mi país es famoso por ser un país con mucha fiesta: aquí todo el mundo bebe mucho y pasa las noches en las discotecas y los bares. Esa es la imagen que mucha gente tiene de los españoles, pero a mí no me gusta salir de fiesta: yo prefiero leer un buen libro o ver una película en mi casa. Otra cosa que es muy famosa también es que a los españoles nos gusta dormir la siesta al mediodía, y es otra cosa que a mí tampoco me gusta. Muchas veces quiero dormir la siesta, pero ningún día la duermo porque pienso que hay mejores maneras de usar el tiempo durante el día. Además, ¡yo no salgo de fiesta por la noche y no estoy tan cansado! El tópico sobre los españoles dice que a nosotros nos encantan los toros y el fútbol: a mí me encanta el fútbol, pero no me gustan nada las corridas de toros. Pienso que son aburridas, por eso no me interesan. Prefiero ir al cine o ver un partido de fútbol. No hay nada mejor para hacer en un domingo que ver un partido. Para eso yo sí que soy muy típico. ¡Y me encanta!

B. Welche Klischees existieren über dein Land? Erstelle eine Liste.

C. In welcher Hinsicht bist Du typisch für dein Land? Schreibe einen ähnlichen Text wie Juan Manuel.

14. ¿Qué es para ti la ciudad ideal?

A. Lies die Forumsbeiträge über die ideale Stadt und markiere die Eigenschaften, die sich in den Antworten wiederholen.

¿Cómo es tu ciudad ideal?

Cintia: Una ciudad del sur, no muy grande, pero con mucha vida. Con gente simpática y optimista.

María Elena: Para mí es una ciudad joven, con muchos estudiantes como yo.

Javier: Para mí es Ciudad Real, en España.

Rosa: Mi ciudad ideal está cerca del mar... tiene las calles limpias, mucho ambiente, bares, discotecas, cines y galerías de arte, pero también hay academias, institutos y una universidad.

José: Limpia y sin violencia, con mucho verde, con poco ruido.

Maite: Es una ciudad grande, con una oferta cultural enorme. En la ciudad ideal las personas se respetan, se valoran las diferencias y se pueden discutir.

Isabel: Para mí, en la ciudad ideal no hay contaminación de la industria, las calles están limpias, hay muchos espacios verdes... Los niños pueden estar en el parque o en la calle, es una ciudad donde la gente se respeta.

B. Welcher Meinung bist du? Schreibe einen Forumsbeitrag.

15. Ciudades del mundo hispano

A. **Wähle zwei Städte aus und beschreibe sie. Du kannst im Internet nach Information suchen und die nachstehenden Wörter benutzen.**

histórica | modernista | bonita | con encanto | pintoresca
colonial | con naturaleza | grande | pequeña | importante

Bogotá

Buenos Aires

Caracas

Cusco

México D.F.

Salamanca

B. **Du planst eine Reise zu einem dieser Reiseziele. Schreibe einen Text und erkläre, weshalb du diese Stadt bevorzugst. Dazu kannst du folgende Verben benutzen.**

pensar | elegir | preferir | poder

- porque me gusta / tiene...
- por el tango / la naturaleza...
- para aprender / ver...

Aprender una lengua es...

A1

1. Aprendiendo, que es gerundio

A. Wie lernen diese Personen? Vervollständige die Sätze.

1. Monika ve muchos DVD para aprender español.
   → **Monika aprende español viendo muchos DVD.**
2. A Tobias no le gustan las clases de lengua, pero viaja mucho.
   → **Tobias aprende lenguas viajando.**
3. Markus usa mucho el diccionario para aprender español.
   → Markus aprende español .... mucho el diccionario.
4. Julia hace ejercicios en el ordenador para aprender español.
   → Julia aprende español .... ejercicios en el ordenador.
5. Heike escucha las audiciones del libro fuera de clase para aprender español.
   → Heike aprende español .... las audiciones del libro.
6. Jonas escribe mucho a sus amigas latinoamericanas para aprender español.
   → Jonas aprende español .... mucho a sus amigas latinoamericanas.
7. Tom recuerda mejor el léxico si repite las palabras.
   → Tom aprende el léxico .... las palabras.
8. Sin leer y escuchar textos interesantes, Sandra no puede aprender lenguas.
   → Sandra aprende lenguas .... y ....textos interesantes.

Das **Gerundium** sagt mehr über die Art und Weise aus, wie eine Handlung erfolgt.

B. Wähle eine der beiden Möglichkeiten und schreibe über dich selbst.

Yo lo paso bien...

Yo aprendo idiomas...

....

....

2. Universidades

A. Dies sind einige bedeutende Universitäten der spanischsprachigen Welt. Vergleiche sie mithilfe der Tabelle im Hinblick auf die Zahl der Studierenden und das Alter der jeweiligen Universität.

Universidad	www	Fundación	Nº de Estudiantes (2005-2006)
Universidad de Granada	www.ugr.es	1531	88 109
Universidad Autónoma de México (UNAM)	www.unam.mx	1551	286 484
Universidad Carlos III de Madrid	www.uc3m.es	1989	17 000
Universidad Nacional de Buenos Aires (UBA)	www.uba.ar	1821	308 594
Universidad Central de Venezuela	www.ucv.ve	1721	Unos 60 000
Universidad de Chile	www.uchile.cl	1842	26 953

1. UBA/UNAM
   La UBA es más nueva que la UNAM.
2. UNAM / Universidad de Granada
   ....
3. Universidad Central de Venezuela / Universidad de Chile
   ....
4. Universidad Carlos III / UBA
   ....
5. Universidad de Granada / Universidad de Chile
   ....

Facultad de Derecho de la Universidad de Granada.

B. Welche Universität gewinnt beim Ranking in der jeweiligen Sparte? Schreibe vollständige Sätze.

- ☐ pequeña ....
- ☐ grande ....
- ☐ moderna ....
- ☐ antigua ....

Universidad Autónoma de México.

C. Suche in Internet nach mehr Information über diese Universitäten und vergleiche weitere Daten miteinander. Erstelle ein Ranking und erkläre, weshalb du zu dieser Reihenfolge kommst.

- es más + Adjektiv + que…
- es menos + Adjektiv + que…
- es mejor / peor + que…
- es el / la mejor / peor…
- es el / la más + Adjektiv …

....

3. Consejos

A. **Vervollständige die Sätze mit der richtigen Form von tener + que.**

1. Si tu estilo de aprendizaje es audiovisual, ... mirar más películas.
2. Para aprender una lengua .... practicar mucho.
3. Fernando no puede salir con Valentina los lunes por la tarde porque .... trabajar.
4. A nosotros nos encanta hablar con personas nativas, por eso .... buscar un tándem.
5. Para lograr el nivel A2 .... ir a clase, hacer todas las actividades y estudiar bien la gramática. Si tienes un tándem, mejor.
6. Si vosotras queréis ser estudiantes autónomas, ... ir al Centro de Lenguas, hablar con la tutora y hacer un plan de aprendizaje realista.
7. Para estudiar una lengua de forma autónoma .... ir al Centro de Autoaprendizaje.
8. Yo no .... ir a clase todos los días porque tengo una amiga colombiana. Me encanta practicar con ella.

B. **In welchen Sätzen kannst du auch hay que benutzen?**
An wen richten sich die Ratschläge mit hay que?

4. Herramientas de aprendizaje

Schreibe die Fragen mit qué oder cuál/cuáles. Formuliere dann die Antworten mit der korrekten Form des Adjektivs.

- ¿Cuál/cuáles + prefieres / quieres…?
- ¿Qué + Substantiv + prefieres / quieres…?

1. ○ Aquí tienes dos gramáticas. ¿*Cuál* te gusta más? — claro
   ● *Esta. Es la más clara.*
2. ○ Puedes elegir entre varios cursos. ¿*Cuáles* prefieres? — barato
   ● *Estos. Son los más baratos.*
3. ○ Aquí tienes dos diccionarios. ¿ ____ ? — bueno
   ● ____
4. ○ Puedes elegir entre varias clases. ¿ ____ ? — pequeña
   ● ____
5. ○ Los dos libros de ejercicios son para ti. ¿ ____ ? — fácil
   ● ____
6. ○ ¿ ____ diccionario de español en internet usas? — mejor
   ● ____
7. ○ ¿ ____ película te llevas? — divertido
   ● ____
8. ○ ¿ ____ carrera estudias? — interesante
   ● ____

5. ¡Aprender sin miedo!

A. **Wie viel Zeit widmest du folgenden Aktivitäten, um Spanisch oder andere Fremdsprachen zu lernen?**

cada día | una vez (al mes, a la semana...) | a menudo | nunca | casi nunca | habitualmente | de vez en cuando | muy pocas veces | con frecuencia

- .... leo periódicos o revistas en español.
- .... hago intercambio de idiomas con algún hablante de español.
- .... hago ejercicios de gramática española.
- .... veo películas o series de televisión en español.
- .... navego por webs en español.
- .... practico la pronunciación.
- .... voy a clases de español.

B. **Notiere weitere Dinge, die dir dabei helfen, eine Sprache zu lernen.
Wie oft machst du davon Gebrauch?**

Escribir un diario en el idioma que estoy aprendiendo. No lo hago casi nunca.

6. Maneras de vivir

A. **Eva und Lupe sind Studentinnen. Lies die Zusammenfassung ihrer wöchentlichen Aktivitäten und vergleiche sie miteinander.**

Eva

Lunes, martes y jueves: clases en la universidad de 8.00 a 16.00
Martes y viernes por la noche: clases de tango
Lunes, miércoles y jueves de 17.00 a 18.30: intercambio de inglés
Miércoles y sábados por la mañana: gimnasio
Viernes y sábados de 21.00 a 24.00: prácticas en "Radio multiculti"
Sábados y domingos: ir a ver a mamá y papá, ir al supermercado, limpiar y ordenar la casa, salir de noche...
Domingos por la mañana: fútbol

Lupe

Clases en la universidad: todos los días de 10.00 a 18.00
Martes por la noche: clases de salsa
Lunes y jueves de 17.00 a 18.30: intercambio de portugués
Miércoles y sábados por la noche: canguro de los hijos de Manuel
Lunes, miércoles y viernes de 20.00 a 24.00: prácticas en el hospital
Sábados y domingos: ¡dormir!, ir al supermercado, salir a caminar, hacer un poco de deporte, invitar a amigos a comer, visitar a mis padres, ir al cine...

1. Lupe no practica .... deporte .... Eva.
2. Lupe tiene .... clases de baile .... Eva.
3. Eva tiene .... horas de trabajo práctico .... Lupe.
4. Los sábados, Eva tiene .... actividades .... Lupe.
5. Los domingos Eva no duerme .... como Lupe.
6. Lupe no trabaja con su tándem .... Eva.
7. ....
8. ....
9. ....

- tanto + Substantiv + como
- más / menos + Substantiv + que
- verbo + más / menos que
- verbo + tanto como

B. **Entscheide dich für Eva oder Lupe und stell dir vor, wie ihr Wochenende verläuft. Beschreibe, was sie wie oft macht.**

Los fines de semana de ....:
....
....
....
....
....
....

7. Test: ¿te gusta hablar idiomas?

Vervollständige die Testfragen mit qué oder cuál/cuáles und beantworte sie anschließend.

TEST

1. ¿ ______ idiomas hablas?
2. ¿ ______ hablas mejor?
3. ¿ ______ países del mundo hispano conoces?
4. ¿ ______ te gusta más o conoces mejor?
5. ¿ ______ sabes de ese país? Di dos cosas.
6. ¿ ______ persona famosa conoces de ese país?
7. ¿ ______ ciudad quieres visitar algún día para aprender español?

- ¿Qué ciudades conoces?
- ¿Cuál te gusta más (de esas ciudades)?
- ¿Qué prefieres hacer?
- Tengo estas películas, ¿cuál prefieres ver?

8. El viaje de Valentina

A. Valentina plant eine Reise durch Europa. Der Zug hält in jeder dieser Städte. Trage ihre Namen in die Landkarte ein und fülle die Tabelle aus.

ciudad	país	lengua
1. Berlín		
2. Londres		
3. Lisboa		
4. Madrid		
5. París		
6. Praga		
7. Varsovia		
8. Moscú		
9. Budapest		
10. Bucarest		
11. Sofía		
12. Roma		

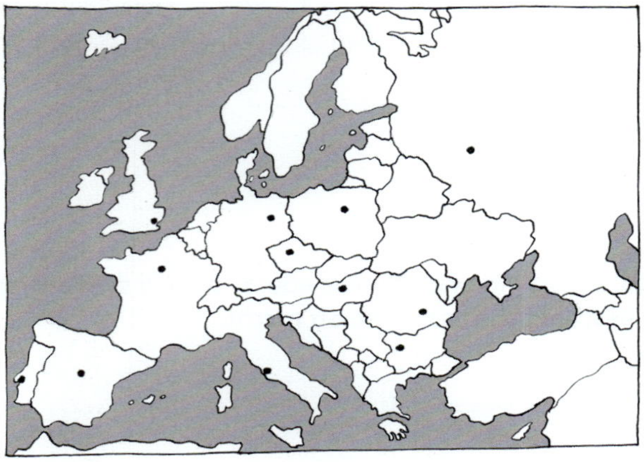

B. Stelle nun deine eigene Reiseroute zusammen. Du musst mindestens sechs Städte einplanen und für jede Stadt einen Grund nennen, weshalb du sie besuchen möchtest.

Mi itinerario (ciudades): ....

....

Mi plan de viaje: ....

....

....

....

....

- para + Infinitiv
- porque + konjugiertes Verb
- por / para + Substantiv

9. Mi lengua

A. Kennst du deine Sprache gut? Fülle die Karte aus und suche im Internet die nötige Información.

Lengua: ....

Países en los que se habla: ....

Número de hablantes aproximado: ....

Lenguas con las que tiene contacto: ....

Libros importantes en esta lengua: ....

B. Lies diesen Artikel über die Sprachen, die vom Aussterben bedroht sind.
Vergleiche sie mit der Situation deiner Sprache.

LENGUAS EN PELIGRO DE EXTINCIÓN

Cada dos semanas muere una lengua. Casi el 50% de los 7000 idiomas que se hablan en el mundo puede desaparecer este siglo

Según un estudio de la National Geographic Society y el Instituto de Lenguas Vivas para los Idiomas en Peligro hay cinco regiones donde las lenguas están desapareciendo con gran rapidez: el norte de Australia, el norte de los Andes, la costa noroeste de Norteamérica, el estado de Oklahoma y el sudoeste de EE. UU. y Siberia oriental. Informan que existen 83 lenguas con importancia global, que usa el 80% de la población mundial. Pero se conservan 3500 idiomas que solo habla el 0,2% de los habitantes de la Tierra. Además, la mitad de las lenguas que pueden desaparecer no tienen versión escrita.

El investigador Harrison explica que con las lenguas no solo desaparecen conocimientos ecológicos, secretos culinarios y medicinales, sino también antiguas mitologías. Un ejemplo es el de los kallawaya, una etnia boliviana. En su región se habla el castellano y el quechua, pero ellos conservan una lengua secreta para hablar sobre las plantas medicinales y su uso. Después de varios años de trabajo ya existen listas de vocabulario y gramáticas de muchas de las lenguas orales. Está claro que muchos de estos idiomas van a morir, pero ahora existe su registro.

Eusebio Val, La Vanguardia, 22.09.2007

C. Im Text steht mehrmals das Wort **desaparecer**, aber du findest auch andere Wörter und Ausdrücke mit derselben Bedeutung. Schreibe sie auf.

D. Welche kulturellen Aspekte verschwinden, wenn eine Sprache ausstirbt?

....

....

....

10. Proteger una lengua

A. Erstelle eine Liste mit Maßnahmen, die dazu dienen, eine vom Aussterben bedrohte Sprache zu schützen.

hacer un diccionario de esa lengua
...

B. Stell dir vor, deine Sprache sei vom Aussterben bedroht.
Schreibe einen Artikel und schlage diese Maßnahmen vor.

....

....

....

....

....

- Es importante / necesario + Infinitiv
- (No) hay que / tener que + Infinitiv
- Creo que está bien / mal + Infinitiv

11. A mi manera

CD1 17-20

A. Höre, was diese Studenten über ihre Erfahrungen beim Sprachenlernen erzählen und ergänze die Tabelle. Es kann mehrere richtige Möglichkeiten geben.

es individualista | es poco comunicativa | es muy comunicativo | necesita compartir su proceso | prefiere tener un profesor | es lúdico | le gusta experimentar la lengua | es poco disciplinado | es inseguro

1. Marisol	2. Sebastián	3. Leandro	4. Laura

B. Vervollständige die Tabelle mit Wörtern aus derselben Familie.

sustantivo	adjetivo	verbo
	seguro	
		experimentar
	responsable	
		leer
	organizado	
estudios		
	individualista	
	comunicativo	

C. Wie bist du, wenn du eine Sprache lernst? Suche die Wörter heraus, die dich definieren, und schreibe sie auf.

Mi primer día

A2

1. Conectar oraciones

A. Verbinde diese Satzpaare mithilfe des passenden Konnektors. Du kannst Änderungen in den Sätzen vornehmen und sie auch anders anordnen.

por eso | sin embargo

1. Claudia está enferma. + Claudia no viene a clase mañana.

   Claudia está enferma, ***por eso*** mañana no viene a clase.

además | pero

2. A mi hermano le encanta la música clásica. + A mí no me gusta nada la música clásica.

   ....

sin embargo | como

3. Este es Samuel: conoce bien la ciudad. + Samuel puede enseñarte la ciudad.

   ....

aunque | porque

4. Me encanta la carne. + Voy a pedir pescado.

   ....

B. Verbinde beide Situationen zu einem einzigen Satz. Dazu kannst du jeweils einen Konnektor aus der Übung A benutzen.

1. Este sábado pienso ir de excursión. + Dicen que este sábado va a llover.

   ....

2. Hoy tengo cita con el médico. + No puedo ir a clase hoy por la tarde.

   ....

3. Me encanta ir al cine. + Hoy prefiero quedarme en casa.

   ....

2. Diario de Granada

A. Lucile wird sechs Monate an der Universität von Granada studieren. Vervollständige diesen Auszug aus ihrem Tagebuch mit den passenden Konnektoren.

como	además	pero	también	sin embargo	aunque

10 DE SEPTIEMBRE DE 2011

Mi primer día

¡Hoy es mi primer día en Granada! Estoy muy cansada del viaje y tengo sueño, ______ tengo una idea genial: ______ mi objetivo más importante para estos meses es aprender español, quiero escribir un diario en este idioma. ______ mi nivel no es muy bueno, creo que puedo decir bastantes cosas, ______: ¡va a ser divertido! No conozco la universidad, solo la residencia de estudiantes: ¡es estupenda! Mi compañera de habitación se llama Fátima, es de Portugal. Habla poco español, ______, el portugués se parece y nos entendemos. Es muy simpática; ______ son muy simpáticos los otros estudiantes nuevos. Nos acabamos de conocer en la visita guiada a la residencia. Bueno, es hora de dormir. ¡Hasta mañana!

B. Achte auf die unterstrichenen Wörter. Das sind Verbalperiphrasen. Weißt du, von welchem Zeitpunkt sie sprechen? Kreuze die richtige Zeit an.

	pasado	presente	futuro
¡Va a ser divertido!			
Nos acabamos de conocer.			

Ein persönliches Tagebuch auf Spanisch zu führen hilft dir, die Sprache jeden Tag anzuwenden und erlaubt dir, deinen Fortschritt zu beobachten.

C. Verfasse einen spanischen Eintrag in dein Tagebuch, z. B. über den heutigen Tag. Du kannst es während des ganzen Kurses führen.

3. ¿Con o sin preposición?

Setze, wenn nötig, die fehlende Präposition ein.

- Esperar el autobús
- Esperar **a** una persona.
- Llevar unos paquetes a casa.
- Llevar **a** una persona al tren.

1. ○ ¿Conoces .... Sebastián?
   ● No, ¿quién es?
2. ○ ¿Conoces .... Jaén?
   ● No, ¿dónde está?
   ○ En Andalucía.
3. ○ ¿.......... quién esperas?
   ● .... Maite. Queremos ir de tapas.
4. ○ ¿Qué haces en la calle a estas horas?
   ● Estoy esperando .... un taxi.
5. ○ ¿Adónde vas?
   ● Tengo que llevar .... los chicos al museo.
6. ○ ¿Puedes darles estos formularios .... mis estudiantes?
   ● Claro. ¿Cuándo tengo que dárselos?
7. ○ Tenemos que prestarle un diccionario .... Juan.
   ● En la biblioteca hay muchos.

4. Los compañeros de Lucile

Lucile berichtet in ihrem Tagebuch über die Mitbewohner im Studentenwohnheim. Vervollständige die Sätze und konjugiere die Verben bei Bedarf.

venir de | ir a | volver de | traer de | llevar a

1. Markus .... clase cada día a las ocho de la tarde, por eso nunca tiene tiempo para hacer algo de deporte. Eso no le gusta.
2. Lars dice que quiere .... la biblioteca de su facultad un libro muy interesante sobre historia de la filosofía en Argentina. Estoy interesada en leerlo.
3. Daniela .... clase el diccionario italiano-español porque hay palabras que no entiende.
4. Mi compañera Fátima .... Sevilla a veces porque sus tíos viven allí.
5. Hoy Zoran .... una cena con sus amigos croatas, está muy contento.

5. Lo tengo yo

A. Vervollständige die Dialoge mit den direkten (Akkusativ) Objektpronomen.

1. ▫ ¿Dónde está mi mochila?
   ▪ **La** tengo yo. ¿**La** necesitas ahora?
   ▫ Sí, ¿puedes dárme**la**?
2. ▫ ¿Dónde están las llaves del coche? Estoy buscándo ....
   ▪ .... tiene Ramón. ¿ .... necesitas ahora mismo? Pídese ....
3. ▫ Y mis libros, ¿quién .... tiene?
   ▪ .... tiene Lucía.
4. ▫ No encuentro el diccionario.
   ▪ .... tiene Santiago.
5. ▫ No encuentro mi móvil.
   ▪ .... tiene Pablo, es que .... necesita.
6. ▫ ¿Sabes dónde está la billetera de Miguel?
   ▪ .... está buscando, pero no .... encuentra.
7. ▫ ¿Sabes quién tiene las tarjetas de crédito?
   ▪ Tu hermano .... tiene en su billetera.

B. Setze die direkten (Akkusativ) und indirekten (Dativ) Objektpronomen ein.

1. ▫ Paloma está buscando un profesor de inglés.
   ▪ ¿Por qué no .... recomiendas a Brian? Es muy bueno.
2. ▫ Ahora que vas a España, ¿por qué no .... compras un regalo a Sebastián y Pilar?
   ▪ Es verdad. El mes que viene es su aniversario.
3. ▫ ¿Me traes una revista del kiosco?
   ▪ ¿ .... traigo una en castellano o en inglés?
4. ▫ ¿Conoces un hotel barato en Barcelona? Queremos estar una semana.
   ▪ Sí, ... lo digo después. No tengo aquí las direcciones.
5. ▫ ¿Queréis las direcciones de mis amigos en Madrid?
   ▪ Sí, claro. ¿Cuándo .... las puedes dar?
6. ▫ ¿Le prestas el coche a David?
   ▪ Sí, ... presto si me lo trae antes del fin de semana.
7. ▫ Mañana hay examen de portugués y Maite no tiene diccionario bilingüe.
   ▪ .... puedes dar este. Yo no lo necesito.

- Me **lo** quiero comprar esta tarde.
- No me **lo** quiero comprar esta tarde.
- Quiero comprárme**lo** esta tarde.

⚠
- le/les + lo = **se** lo
- le/les + la = **se** la
- le/les + los = **se** los
- le/les + las = **se** las

6. ¿Quieres comprártelo o no te lo quieres comprar?

A. **Ergänze die Dialoge mit den fehlenden Objektpronomen.
Schreibe so, dass man sieht, ob sie angehängt sind oder alleine stehen.**

1. ○ Hola, ¿sabes dónde está Pilar?
   ● Acabo de ver ______ en la Oficina Erasmus.

2. ○ Estoy buscando mi pasaporte y no ______ encuentro.
   ● Creo que está en la mochila.

3. ○ ¿Sabes dónde están las llaves del coche?
   ● No, ¿puedes buscar ______ en mi bolso, por favor?

4. ○ ¿Podemos hablar un momento?
   ● Ahora no. Mis estudiantes ______ están esperando.

5. ○ ¿No vas a presentar ______ a tu amiga Raquel?
   ● Perdona. Mira, Raquel, esta es Nuria.

B. **Schreibe die Sätze noch einmal und stelle die Pronomen immer dann um, wenn dies möglich ist.**

7. Un pueblo muy turístico

A. **Lies, was Andrés über sein Dorf schreibt. Vervollständige den Text mit muy, mucho/-a/-os/-as oder poco/-a/-os/-as.**

Vivo en un pueblo que es pequeño pero ______ **bonito**. Está cerca de una playa ______ **famosa** adonde van ______ **turistas** durante el verano. Aunque viven ______ **niños**, hay ______ **escuelas**: solo hay dos, pero son ______ **grandes** y con ______ **instalaciones** para los estudiantes. Mi pueblo es famoso por sus restaurantes, de hecho, hay varios con ______ **buena** fama, ______ de los **turistas** que vienen a mi pueblo vienen para comer. Por otro lado, hay ______ **discotecas**, por eso es ______ **habitual** salir por la noche a otros pueblos que están cerca y donde hay ______ más **discotecas** que aquí. Creo que es un lugar ______ **agradable** para pasar unas buenas vacaciones de verano, pero yo **me aburro** ______ cuando llega el frío: entonces hay ______ turistas, la gente **sale** ______ y las calles, las tiendas y los bares están ______ **animados**.

B. **Sieh dir die fett gedruckten Wörter an und schreibe auf, um welche Wortart es sich jeweils handelt. Vergleiche den Text mit der Lösung und vervollständige die Regel.**

muy / poco ....

mucho/-a/-os/-as + ...

poco/-a/-os/-as + ...

8. Culturas lejanas

Erinnerst du dich an den Artikel in Unidad 3 über die chinesischen Studenten in Argentinien? Lies die Zusammenfassung und markiere den jeweils passenden Konnektor.

1. Para casi 9 de cada 10 estudiantes chinos de español en la Universidad de Buenos Aires (UBA), aprender español significa mucho trabajo; **por eso** **sin embargo** **porque**, la mayoría lo ve como un elemento cultural interesante y como una lengua necesaria para trabajar o estudiar una carrera universitaria en el país. **También** **además** **aunque** **y**, el español se ve como un elemento de cultura general (eso opina el 42% de los estudiantes entrevistados) y un valor agregado (21%).
2. A muchos estudiantes de China les gusta el país y están contentos, **aunque** **porque** **además** el 95% piensa que "las culturas son muy diferentes".
3. De Buenos Aires les gustan los edificios, la cultura y los museos (53%), los parques (26%), el clima y la gente (16%). Solo el 5% dice que no puede adaptarse a nuestra forma de comer, **sino** **pero** **por eso** critican, al mismo tiempo, la suciedad de las calles, **aunque** **además** **y** el 42% no encuentra nada que decir cuando se le pregunta qué no le gusta de Buenos Aires.
4. Cuando los estudiantes hablan de discriminación, se dan datos interesantes. El 74% dice que no hay discriminación, **aunque** **también** **por eso** un 21% declara que "a veces sí" **o** **y** **e** un 5% habla de discriminación personal.

9. Erasmus

A. Hans reist in einer Woche zu seinem Erasmusaufenthalt ab. Vervollständige die Sätze mit den passenden Pronomen und achte dabei auf die fett gedruckten Wörter, auf die sie sich beziehen.

1. Tengo que bajar **los formularios** de internet y rellenar*los*.
2. Lo mejor es tener direcciones de **estudiantes** para preguntar*les* cosas importantes.
3. Es importante comprar **un mapa** y llevar............
4. Tengo que pedir el número de teléfono de **mi tutora** y llamar............
5. Lo mejor es buscar **informaciones** en la red y leer............
6. Me gustaría tener la dirección de **un chico o una chica** para escribir............
7. Hay que pensar en **el formulario** del seguro médico y pedir............
8. Tengo que ver qué **trabajos y exámenes** son importantes y discutir............ con mi profesora.
9. Es importante saber si hay cursos de lengua, cuáles son **los horarios** y apuntar............
10. Quiero saber qué **documentos** son importantes y si hay una fecha para mandar............
11. Tengo que saber **a quién** tengo que dar............ los documentos.
12. Lo mejor es conocer **a una persona** para preguntar............ todo lo que no sé.

B. Hast du noch weitere Ratschläge, die ein Erasmusstudent vor Reiseantritt befolgen sollte? Schreibe sie auf.

10. Craig y el cumpleaños

A. Schreibe eine Erzählung darüber, was Craig und Ruth erleben. Benutze die Konnektoren, die du kennst, sowie die direkten (Akkusativ) und indirekten (Dativ) Objektpronomen. Denke dir ein Ende für die Geschichte aus.

- Craig va a clase con su novia Ruth.
- Hoy es el cumpleaños de Ruth.
- Craig piensa preparar una fiesta sorpresa para Ruth.
- Ruth odia las fiestas sorpresa.
- Craig no sabe que Ruth odia las fiestas sorpresa.
- Por la noche, Craig le dice a Ruth que van a cenar los dos.
- A Ruth le encanta la idea de cenar solos.
- Craig lleva a Ruth a un bar donde los esperan todos los compañeros de clase.
- Ruth se enfada.
- Ruth quiere celebrar su cumpleaños de otra manera.
- Craig compra unas flores para Ruth.
- Ruth es alérgica a las flores.
- Craig no sabe qué hacer y quiere cancelar la fiesta.
- ...

B. Craig schlägt Ruth vor, zum Abendessen auszugehen. Schreibe den Dialog.

○ Oye, Ruth, ¿.................................... cenar esta noche? Como hoy es tu cumpleaños...
● ....
○ ....
● ....

11. En mi ciudad hay...

A. Lies den Text und beschreibe dann einen Platz in deinem Wohnort.

Esta es una plaza de mi ciudad. En el centro hay un monumento. La catedral está al lado del Ayuntamiento y enfrente de estos edificios hay restaurantes y bares. Al lado del bar "Manolo" está el banco. A la derecha del banco, el restaurante "La Paella", y a la izquierda del restaurante hay una librería. Detrás de la librería está el supermercado. En la plaza hay muchos árboles. Es una zona peatonal, por eso no hay ruido. La plaza es tranquila y limpia.

- en el centro
- al lado de
- enfrente de
- a la derecha de
- a la izquierda de
- detrás de
- delante de

....
....
....
....
....

CD1 33

B. Höre die Beschreibung von La Boca, dem Viertel in Buenos Aires.
Mit welchen der folgenden Wörter oder Ausdrücke kann man das Viertel beschreiben?

colorido | famoso | de oficinas | turístico | pintoresco | alegre | encantador | moderno | industrial | rico | residencial | trabajador | antiguo

C. Beschreibe du nun ein Stadtviertel, das du kennst.

Es un barrio
· con…
· de…
· que tiene…

En este barrio
· hay…
· puedes encontrar…

12. Perdone, ¿puede usted indicarme?

Beschreibe mithilfe des Stadtplans, wie man vom Pfeil aus zu den angegebenen Zielen gelangt. Dazu kannst du die unten aufgelisteten Sprachmittel verwenden.

- La cafetería
- El banco
- El polideportivo
- La biblioteca

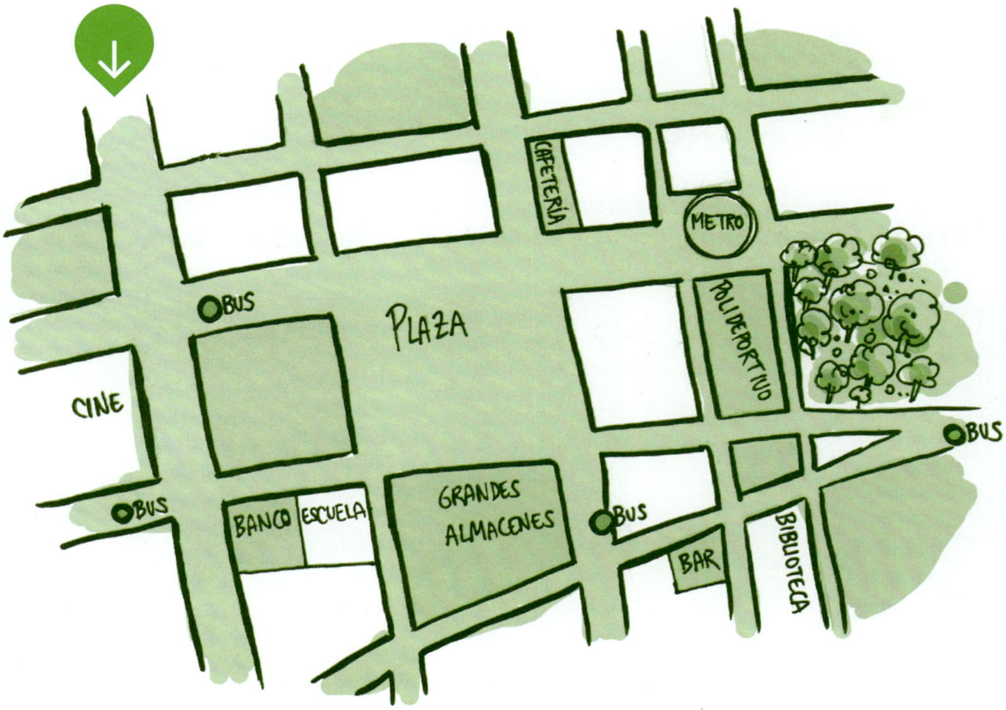

öffentlicher Verkehr

- metro
- estación de metro
- autobús
- parada del autobús
- estación de trenes

Hinweise geben

- sigue(s) recto hasta
- gira(s) a la derecha (en la primera / segunda… calle)
- cruza(s) la calle / plaza…
- cerca de
- no muy lejos de
- en el primer / segundo… piso
- baja(s) en la primera / segunda… parada

13. Servicios

A. Verstehst du die Bedeutung dieser Symbole?

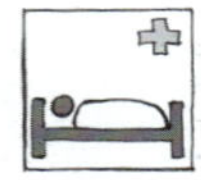

B. Gibt es weitere Dienstleistungen, die eine Stadt anbietet? Ergänze die Liste.

C. Welche Dienstleistungen nimmst du gewöhnlich in Anspruch, welche nicht und weshalb?

14. Medios de transporte

A. Wie viele Transportmittel kannst du auf Spanisch benennen?
Schreibe jeweils den Namen unter das Foto und notiere am Rand alle, die du sonst noch kennst.

B. Welche Transportmittel benutzt du normalerweise?
Erkläre, wann und wohin du damit fährst.

5 Se vende piso

A2

1. Consejos para ir al extranjero

A. Diese Liste mit Ratschlägen ist für Studenten bestimmt, die ins Ausland gehen. Vervollständige sie mit der richtigen Form des Imperativs und formuliere weitere Ratschläge.

1. Si todavía no tienes un seguro médico, **háztelo** (*hacérselo*).
2. .... (*ponerse*) la agenda en la mochila. Son tus números y direcciones más importantes.
3. Si no tienes claro el plan de estudios, ... (*ir*) a la Oficina Erasmus de tu universidad.
4. .... (*ser*) organizado: es mejor.
5. .... (*venir*) con nosotros a las reuniones de información.
6. .... (*tener*) presentes estos consejos.
7. ....
8. ....

B. Formuliere Ratschläge und bilde dazu die passenden Verbformen. Benutze hierfür unterschiedliche Strukturen.

1. (*traer, vosotras*) primero las cajas de libros ....
2. (*venir, ustedes*) por la tarde ....
3. (*decir, tú*) lo que piensas ....
4. (*oír, tú*) lo que te dicen ....
5. (*hacer, vosotros*) lo que os digo ....
6. (*mostrarme, tú*) lo que tienes en la mochila ....
7. (*repetir, ustedes*) los mismos ejercicios ....
8. (*reírse, usted*) de la gente ....
9. (*seguir, tú*) practicando los verbos ....

Ratschläge
- Imperativ
- puedes / podrías + Infinitiv
- tienes / tendrías que + Infinitiv

C. Kannst du die Ratschläge in Übung B mit anderen Strukturen umformulieren?

2. ¡Nos emancipamos!

Du und ein/e Freund/in wollt zusammenziehen und sucht eine Wohnung. Lies die Inserate und entscheide, in welche Wohnung ihr ziehen wollt. Nenne die Gründe für deine Entscheidung.

A Se alquilan dos habitaciones individuales para estudiante o becario, en piso compartido con chicas de la misma condición, en zona céntrica de Madrid. Tiene 4 dormitorios, salón, cocina, galería y terraza. La habitación tiene una cama, mesilla, armario, mesa y silla, y está libre a partir del próximo 1 de enero. 350 € al mes. Fumadores no.

B Habitaciones amuebladas y luminosas en Madrid. Internet. Cerca del metro Oporto. Especial estudiantes Erasmus. Bien comunicadas con universidades y centro. 250 € al mes. Para ver, llamar al 6270861345: Victoria.

C Alquilo dos habitaciones en el barrio de Lavapiés, en Madrid. Baño, zona céntrica con mucho ambiente, muchos supermercados y parques cerca. Piso nuevo de 2 habitaciones, 2 baños, salón amplio, cocina. El precio es de 400 € más gastos y un mes de fianza. Libre desde el 3 de marzo.

D Alquilo habitaciones hasta finales del mes de junio en piso compartido con una chica y un chico en zona periférica de Madrid. Piso muy luminoso, zona tranquila y bien comunicada, bus de la facultad a dos minutos, a 10 minutos a pie de la estación de tren. 250 € al mes, incluye comunidad. Gastos de luz y agua a compartir según consumo con los otros chicos. Si te interesa y quieres verlo, llama al 669241775.

3. Cosas que hay que hacer

A. Eva geht in Urlaub. Ihr Mitbewohner Juanjo, der sehr vergesslich ist, wird sich um die Wohnung kümmern. Eva schreibt eine Liste mit den Dingen, die er zu machen hat. Vervollständige Evas Liste mit diesen Elementen.

lavar | hacer | regar | ordenar | limpiar | preparar

la cocina | las plantas | la cena | la cama | la ropa | los libros

cada día | una vez por semana | antes de... | después de...

Lava la ropa una vez por semana.

....

....

....

Anweisungen und Bitten
- Imperativ
- tienes / tendrías que + Infinitiv
- podrías + Infinitiv

Bitte um Gefälligkeiten und Wünsche
- Imperativ
- ¿puedes / podrías + Infinitiv?
- ¿te importa + Infinitiv?

B. Eva hat Juanjo schon früher darum gebeten, folgende Dinge zu tun. Schreibe die Bitten.

1. Juanjo, ¿podrías ...., por favor?
2. .... hacer la cama, ¡acuérdate!
3. ¿ .... ? ¡Gracias!
4. ....
5. ....
6. ....

Ratschläge, Bitten um Gefälligkeiten, Anweisungen und Wünsche können manchmal mithilfe derselben sprachlichen Strukturen ausgedrückt werden. Kontext, Tonfall und einige begleitenden Ausdrücken lassen erkennen, worum es sich jeweils handelt.

4. Favores

Eva ist krank und kann die Wohnung nicht verlassen. Deshalb bittet sie Juanjo um einen Gefallen. Vervollständige den Text mit der passenden Form des Imperativs.

hacer | llamar | rellenar | buscar | ir | entregar

Juanjo, ... me un favor. Necesito una novela. Se llama *Cien años de soledad*. Es de García Márquez. Coge mi carné y .... a la biblioteca. Si no la encuentras en las estanterías, ... en la base de datos de los ordenadores. Después .... el formulario a mi nombre. Este libro lo necesito para hacer un trabajo. Tengo que .... selo la semana que viene al profesor de literatura. Si en la biblioteca no está el libro, ... me por teléfono, porque entonces me lo tengo que comprar. ¡Muchas gracias!

5. ¿Cuándo tienes clases?

Vervollständige die Dialoge mithilfe der folgenden Wörter.

primero | los | en | a | después de | mientras | por | hasta | de

1. ○ ¿Cuándo tienes clases?
   ● .... lunes y .... jueves, ... la tarde.
2. ○ ¿Cuándo haces deporte?
   ● Todos .... fines de semana.
3. ○ ¿Cuándo tienes vacaciones?
   ● .... agosto y a veces .... Semana Santa.
4. ○ ¿Cuándo te encuentras con tu tándem?
   ● Todos .... martes, ... 10.00 .... 12.00.
5. ○ ¿Cuándo empieza la clase de Literatura?
   ● .... las 14.00.
6. ○ ¿Cuándo vuelve Alejandra?
   ● Tarde. Hoy trabaja .... las 10.00 de la noche.
7. ○ Buenos días, ¿quieres un café?
   ● Gracias, me ducho .... y .... ducharme me lo tomo.
8. ○ A mí me encanta escuchar música .... trabajo.
   ● A mí no, porque no puedo concentrarme.

6. Un día en la vida de Manuel

Das alles hat Manuel heute gemacht. Schreibe einen Text und benutze dazu die notwendigen Zeitmarker, ohne die Uhrzeit zu nennen. Welche Verbzeit gebrauchst du?

9.00 a 12.30:	clase en la universidad
12.30 a 13.45:	biblioteca
13.45 a 14.45:	comida
13.45 a 14.45:	repasar inglés
15.00 a 16.00:	examen de inglés
16.30 a 17.30:	clase en la universidad
18.00 a 19.00:	partido de baloncesto y tomar algo con los del partido
20.30 en adelante:	estar en casa, hacer la cena, cenar y ver una película

7. Hoy ha sido un día fatal

Vervollständige die Sätze, indem du auf die Frage antwortest.

○ ¿Qué te ha pasado?

● He tenido un día fatal porque...

⚠ Im Perfekt steht bei den reflexiven Verben das Pronomen vor dem Hilfsverb **haber**: Me **he** lavado.

1. .... (*levantarse*) tarde y (*no poder*) .... ducharme.
2. .... (*no tomar*) el metro de siempre y .... (*llegar*) tarde a la facultad.
3. .... (*sentirse*) mal todo el día.
4. .... (*perder*) las llaves de casa, no sé dónde las .... (*dejar*).
5. .... (*no funcionar*) la conexión a internet y .... (*estar*) todo el día incomunicado.
6. .... (*olvidar*) el móvil en el bar donde .... (*tomar*) un café frío.
7. .... (*no poder*) llamar a nadie ni organizar mi fin de semana.
8. .... (*no tener*) tiempo ni para comer y lo poco que .... (*comer*), ... (*ser*) horrible.
9. .... (*llegar*) a casa tardísimo, cansado, nervioso y de mal humor.
10. .... (*discutir*) con todo el mundo y les .... (*gritar*) a mis compañeros de piso.

8. ¡Anímate y cómpratelo, hombre!

Worauf beziehen sich die an den Imperativ angehängten Pronomen? Vervollständige die Tabelle und benutze dazu auch die nachstehenden Wörter.

los formularios | el sombrero | las plantas | lo que acabo de decir | la agenda | el artículo

Um die direkten (Akk.) und indirekten (Dat.) Objektpronomen zu lernen, kannst du sie unterschiedlich markieren und neben das Wort schreiben, auf das sie sich beziehen.

	qué	quién	a quién
Dásela.			
Póntelo.			
Llévese las.			
Tráeselos.			
Míreme.			
Léamelo.			
Pensadlo.			

9. Anuncios

A. **Diese Personen suchen eine Wohnung in Madrid. Verbinde jede Wohnungssuche mit einem Angebot in Übung 2.**

1. Soy una Erasmus finlandesa que busca habitación en alquiler. Estudio Arquitectura, no fumo y me encanta trabajar de noche en casa. Necesito una habitación cerca del centro y de un precio máximo de 350 euros con todos los gastos. E-mail: hanlo@viarapida.edu

2. Hola, soy un estudiante Erasmus y busco una habitación en la zona Delicias-Plaza Roma para entrar en marzo (hasta junio). Busco una habitación luminosa en piso compartido con estudiantes no fumadores, con buen ambiente y con conexión a internet. Soy una persona muy divertida y ordenada y busco lo mismo. papel@viarapida.edu

3. Hola, soy un chico francés que busca habitación por el centro de la ciudad. Busco un piso luminoso y espacioso. No es necesaria una habitación amueblada y tampoco es importante el precio. Soy fumador y tengo un perro que se llama Fary, es muy bueno y muy cariñoso. E- mail: basile@viarapida.edu

4. Hola, soy una chica gallega de 25 años que busca habitación por la zona de Ventas. Estoy interesada en pisos o habitaciones ya amueblados y con conexión a internet. Tiene que ser un piso luminoso, aproximadamente 400 euros al mes. Me gusta la música y salir de fiesta. galiza@viarapida.edu

B. **Welche dieser Personen wäre der/die ideale Mitbewohner/in für dich?**

....

....

....

10. Mi piso ideal

A. **Wie sieht deine ideale Wohnung aus? Erstelle eine Liste mit den Kriterien, die sie erfüllen müsste.**

B. **Setze nun eine Anzeige auf, in der du die gesuchte Wohnung beschreibst.**

BUSCO PISO

11. Busco piso

CD1 43-44

A. Höre die Anrufe ab, in denen die beiden Wohnungen beschrieben werden. Notiere jeweils das, was dir besonders wichtig erscheint.

piso 1	piso 2

B. Wähle eine der beiden Wohnungen aus und erkläre, weshalb du dich für sie entschieden hast.

....

....

....

12. Problemas de convivencia

A. Lies die E-Mail, die Jaime seinem älteren Bruder über seinen ersten Tag in der neuen Wohnung geschrieben hat.

Hola, David:

¡Por fin me he independizado! Ahora vivo en un piso que está en el centro de la ciudad. Es grande y muy luminoso, aunque no parece muy silencioso. Voy a vivir con otras dos personas: una chica, María, y un chico, Pedro. María parece muy ordenada y limpia, sin embargo no parece muy divertida. Hoy me ha explicado que, desde que vive en la ciudad, no ha hecho ninguna fiesta en el piso, ¡imagínate! Con Pedro eso no va a ser un problema, estoy seguro. A él le gusta mucho salir y es muy activo, además, es muy gracioso, me río mucho con sus bromas. No parece muy limpio ni demasiado responsable. Tampoco sé cuál es su trabajo. ¡Hoy es martes y se ha despertado a las tres de la tarde! Aún no tengo las llaves del piso, y no sé cómo pedírselas a Pedro, porque ahora mismo duerme en su habitación… Pero yo me tengo que ir a clase y necesito unas llaves. María tampoco está.

En fin, a ver qué hago…

Un abrazo,

Jaime

B. Was wird David wohl über die Mitbewohner seines Bruders denken? Beantworte die Mail in seinem Namen.

13. Rehabilitación

Lies den folgenden Artikel und ergänze die darunter stehende Zusammenfassung mit der fehlenden Information.

Programa de rehabilitación de viviendas tradicionales en Coro y La Vela, Venezuela

Las ciudades venezolanas de Coro y La Vela pertenecen, con sus interesantes centros históricos, al patrimonio cultural de la humanidad de la UNESCO. Pero para poder conservarlas, las ciudades necesitan una reconstrucción. Por eso el Estado venezolano acaba de comenzar un programa de rehabilitación. Sus objetivos son:

- Mejorar la calidad de vida de las familias que viven en el área.
- Conservar los edificios tradicionales en los centros históricos de Coro y La Vela.
- Recuperar el paisaje urbano y crear una atmósfera favorable para la revitalización de los centros históricos.

Hasta el momento hay más de 380 casas tradicionales reconstruidas. También se acaba de formar a 50 especialistas en construcción manual. Además, los habitantes de estas ciudades trabajan en varios grupos para cuidar y revitalizar las tradiciones y costumbres de la región. Este proyecto venezolano es reconocido a nivel nacional e internacional.

En Venezuela, la UNESCO declara a las ciudades de Coro y La Vela Patrimonio Cultural de la Humanidad porque tienen .... Pero es necesaria una .... para .... Existe un .... que el Estado venezolano financia. Después de la reconstrucción, la calidad de vida de la población va a .... No solo el Estado, sino también los .... participan en el programa. Les interesa .... las tradiciones y costumbres de la región.

14. Pros y contras

CD1 42

A. Höre, was Javier über seine Wohnung sagt. Trage dann in die Tabelle ein, was du dort für gut oder schlecht hältst.

cosas buenas	cosas malas

B. Erzähle, wie die Wohnung aussieht, die sich Alejandra ansehen möchte.

Bedingungen
· contrato
· precio
· fianza
· gastos incluidos
· internet
Lage
· zona
· piso
Beschreibung
· es nuevo / exterior/ luminoso / grande...
· está amueblado / en buen estado / bien comunicado...
· tiene terraza / balcón...

15. Una mañana normal

Beschreibe so genau wie möglich, wie bei dir ein ganz gewöhnlicher Vormittag abläuft. Dazu kannst du die aufgelisteten Wörter benutzen.

levantarse
ducharse
secarse
peinarse
afeitarse
vestirse
lavarse la cara / el pelo…
desayunar
leer el periódico
ir a clase / a trabajar / a correr…

normalmente
siempre
nunca
casi siempre
a veces
con frecuencia
todos los días
todas las noches
todas las tardes
todas las semanas
por la mañana
por la tarde
por la noche

antes de
después de
mientras
primero
después
por último

16. Mudanzas

Weißt du noch, wie die einzelnen Möbelstücke heißen? Trage die Namen zusammen mit dem jeweiligen Artikel ein.

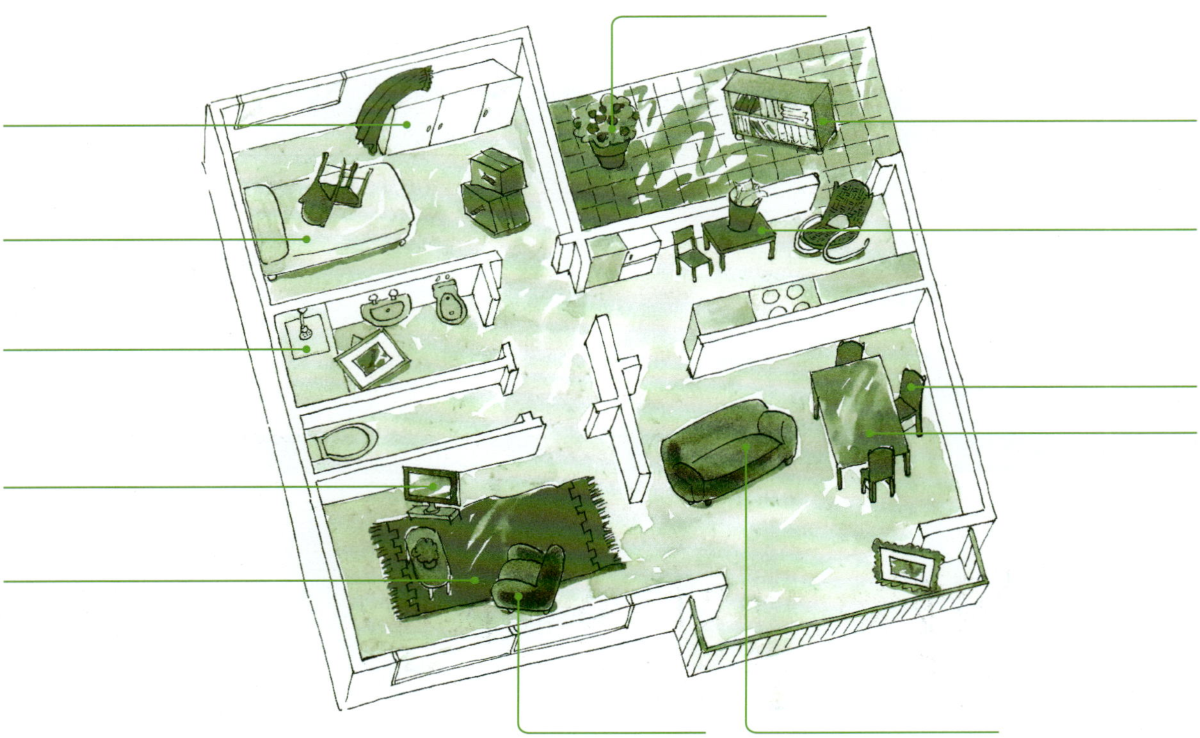

Cuando estuve en Buenos Aires...

A2

1. Los problemas de Vicente

A. Vicente ist gestresst. Lies, was er erzählt, und gibt ihm Ratschläge, damit sich sein Zustand bessert.

1. A veces voy a dormir muy tarde porque me quedo viendo la televisión.
2. Fumo casi veinte cigarrillos al día y me canso mucho.
3. Creo que vivo solo para trabajar y eso no me gusta.
4. Me gusta mucho el café: tomo cuatro al día.
5. Trabajo mucho y duermo poco.
6. Salgo de copas con mis amigos muchas noches y llego tarde a casa.
7. Tengo algunos kilos de más, creo que como demasiado.
8. Paso mucho tiempo jugando a videojuegos, por eso me falta tiempo para estudiar.

B. Vicente möchte mit einem Mädchen anbändeln, aber er ist nicht besonders geschickt. Kannst du die Ratschläge vervollständigen?

1. (*hablar*) .... con ella de lo que quieras: lo importante es que (*mostrar*) .... interés y simpatía.
2. (*hacerle*) .... muchas preguntas: a todo el mundo le encanta hablar de sí mismo.
3. (*mostrarle*) .... que te interesa todo lo que te cuenta.
4. Si estás solo, triste y deprimido, no (*contárselo, a ella*) ....
5. No (*preguntarle*) .... si está sola.
6. Nunca (*irse*) .... sin su número de teléfono.
7. No (*hablar*) .... de ligar: ¡(*ligar*) .... !

Ratschläge
- puedes / podrías + Infinitiv
- es mejor + Infinitiv
- Imperativ

C. Notiere, was Vicente nicht machen kann. Überlege aber auch, was er kann und schreibe es auf.

seducir a chicas | bailar | divertir a sus amigos | cuidarse | escribir

Vicente no sabe ……………………………………………………

……………………………………………………

……………………………………………………

2. ¡No lo hagas!

Wandle die Sätze so um, wie in den Beispielen vorgegeben.

1. Dale la libreta a Ernesto. → Dásela.
   No le des la libreta a Ernesto. → No se la des.
2. Ponte el jersey. → ……………………………………………………
3. Suban los muebles, por favor. → ……………………………………………………
4. ¡Llévate las fotos, mujer! → ……………………………………………………
5. Busca el cámping en internet. → ……………………………………………………
6. Tráele los apuntes a Javier. → ……………………………………………………
7. Escriban su nombre completo. → ……………………………………………………
8. Compra las flores esta tarde. → ……………………………………………………

3. El indefinido

A. Sieh dir die 1. Person Singular folgender Verben im Indefinido genau an. Markiere zuerst die unregelmäßigen Verben und trage dann alle in die entsprechenden Kästchen ein.

estuve | visité | viajé | fui (ir) | trabajé | fui (ser) | viví | conocí | quise | volví | pude | hice | pasé | conté | supe | puse | conduje | vine | comí | tuve | llegué | dije | vi | me alegré | me quedé | me reí

verbos regulares	verbos irregulares

B. Vervollständige diese Geschichte mit den Verben im Indefinido.

Ayer ________ (*yo / ver*) a Juan en la calle y me ________ (*decir*) que quiere ir a estudiar al extranjero. Yo ________ (*alegrarse*) por él y le ________ (*preguntar*) por la opinión de su novia, Sara. Él me ________ (*decir*) que Sara y él ya no están juntos. ¡ ________ (*aquello / ser*) una sorpresa para mí! (*yo / quedarse*) ________ callado y al final (*yo / decir*) ________: ¡Lo siento! Juan ________ (*reírse*) y ________ (*decir*) "No te preocupes, estas cosas pasan". Supongo que sí, que estas cosas pasan. Además, según me (*contar*) ________ Juan, (*aquello / ser*) ________ algo bueno para los dos.

C. Berichte von einer eigenen Erfahrung und benutze dafür mindestens fünf der Verben, die unter 3A stehen.

4. Un incendio en Madrid

A. Vervollständige diese Nachrichtenfetzen mit einem Verb im Indefinido oder Perfekt. Unterstreiche die Zeitangaben, die sie begleiten.

1. Un gran incendio destruye en estos momentos la torre Windsor de Madrid. Los bomberos no ________ (*poder*) controlar aún un fuego que ________ (*empezar*) sobre la medianoche del sábado, 12 de febrero, en una oficina de la planta 21 del rascacielos.

2. Un total de 300 bomberos ________ (*trabajar*) estos dos días para controlar el incendio y garantizar la seguridad en los alrededores del edificio.

3. El servicio de emergencias 112 ________ (*avisar*) ayer a los vecinos que residen a 500 metros a la redonda del edificio de que deben mantener cerradas las puertas y ventanas de sus casas para evitar intoxicaciones.

4. Esta semana ________ (*nosotros / ver*) cómo el octavo edificio en altura de Madrid, la torre Windsor, ________ (*quedar*) reducido a un esqueleto de hierro. La estructura ________ (*resistir*) las llamas, pero se teme el posible derrumbamiento del edificio.

5. Hoy se cumplen 5 años del incendio que ________ (*destruir*) por completo uno de los primeros rascacielos "inteligentes" de la ciudad de Madrid. El suceso ________ (*comenzar*) la noche del 12 de febrero de 2005 y ________ (*prolongarse*) durante el día 13 de ese mismo mes. El rascacielos ________ (*quemar*) durante más de 20 horas. Seis meses después, en agosto de 2005, ________ (*empezar*) los trabajos para derribarlo.

6. Este ________ (*ser*), probablemente, el incendio más espectacular de los ocurridos en Madrid en los últimos 25 años.

B. Mit welchen Zeitangaben stehen die Vergangenheitsformen? Trage sie in die Tabelle ein.

marcadores temporales	
con perfecto	con indefinido

5. Plantar un árbol, tener un hijo y escribir un libro

Was hast du davon schon gemacht? Bilde Sätze und benutze dazu die Zeitangaben, die du kennst.

escribir un libro | plantar un árbol | tener un hijo | casarse | enamorarse | divorciarse | vivir en el extranjero | tocar un instrumento | aprender un idioma | jubilarse | viajar por Asia | dar una conferencia | aparecer en la televisión

6. El viaje de Michael por España

Michael erzählt einer Freundin von seiner Spanienreise. Ergänze den Dialog mit ser und estar.

- El verano pasado ________ en España.
- ¡Ah, qué bien! Y ¿qué ciudad te gustó más?
- Todas ________ muy bien, pero sobre todo tengo un buen recuerdo de Bilbao y de Granada.
- ¿Por qué?
- ________ en Bilbao en septiembre con mi novia. El casco antiguo ________ precioso, ________ al lado del río, y tiene muy buen ambiente.
- ¿Y cuándo ________ en Granada?
- En Granada ________ durante la primera semana de octubre: me encantó. El Albaicín ________ un barrio muy luminoso y muy bonito, con mucho encanto. Y la Alhambra ________ espectacular, ________ el edificio más bonito que conozco.

7. Si se trabaja...

Forme diese Sätze wie im Beispiel um und benutze dazu das unpersönliche se.

1. Firmando leyes contra la caza comercial y científica de los cetáceos, se garantiza el ciclo de vida y su hábitat natural. → ***Si se firman leyes contra la caza comercial y científica de los cetáceos, se garantiza el ciclo de vida y su hábitat natural.***
2. Desarrollando el ecoturismo, desarrollamos a las poblaciones de la costa.
3. Organizándose, la ciudadanía puede lograr muchas cosas buenas, como lo demuestra la campaña "Chile 2008: santuario de ballenas".
4. Declarando una zona de protección para las especies, garantizamos su ciclo de vida y hábitat natural a largo plazo.
5. Protegiendo a las ballenas de la caza comercial y científica, estas vuelven a sus lugares originales de alimentación y reproducción.

8. Campañas de prevención

Lies die Sätze, die zu institutionellen Kampagnen gehören. Welches ist ihr Subjekt (= wer?)? Wandle sie dann in unpersönliche Sätze um.

- se puede / no se puede + Infinitiv
- se debe / no se debe + Infinitiv
- se + Verb in der 3. Person

1. Para pasarlo bien no podemos tener en la cabeza el temor al embarazo.

   ……………………………………………………………………

2. No debemos mezclar el alcohol y los medicamentos.

   ……………………………………………………………………

3. Si consumes cannabis, corres el riesgo de perder memoria.

   ……………………………………………………………………

4. No debes conducir cuando has tomado alcohol.

   ……………………………………………………………………

9. ¿Ser o estar?

A. Die folgenden Adjektive stehen nur mit ser oder estar. Ordne sie und schreibe pro Spalte mindestens drei Sätze.

auténtico/-a · contento/-a · de buen humor · ecológico/-a · gratis · típico/-a · internacional · mediano/-a · preocupado/-a · prestigioso/-a · racista · pacifista

ser	estar

……………………………… ………………………………

……………………………… ………………………………

……………………………… ………………………………

B. Die Adjektive in diesen Sätzen können, je nach Kontext, entweder mir ser oder mit estar stehen. Vervollständige die Sätze mit dem passenden Verb.

1. Antes de un examen (*yo*) ………… muy nervioso, pero en realidad no ………… una persona nerviosa.
2. ¿Qué le pasa a Juan, que hoy ………… tan simpático con nosotras? Seguro que necesita algo.
3. Dicen que Vitoria ………… una de las ciudades más limpias de España.
4. Maite ………… muy tranquila porque acaba de terminar sus exámenes.
5. ………… (*nosotras*) solidarias, activas y serias: ¡justo lo que piden en este anuncio de trabajo!
6. Esta música ………… horrible.
7. Los chicos ………… tristes porque llegan las vacaciones y se acaban las clases de castellano.
8. Barcelona y Buenos Aires ………… ciudades renovadas.
9. ………… triste tener que volver al trabajo después de las vacaciones.

10. Experiencias en el extranjero

CD1 48-52

A. Erinnerst du dich an die fünf Personen, die von ihren Erfahrungen im Ausland erzählen? Höre, was sie sagen, und überlege, welche dir besonders interessant scheint.

B. Höre noch einmal zu, mache dir Notizen und schreibe eine Zusammenfassung über ihre Erfahrung.

11. Estudiantes de español en Argentina: un estudio

A. Lies die Fragen auf der nächsten Seite und beantworte sie mithilfe der Grafiken.

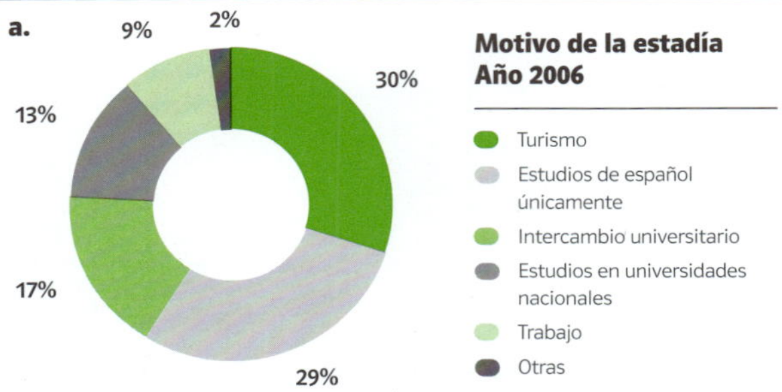

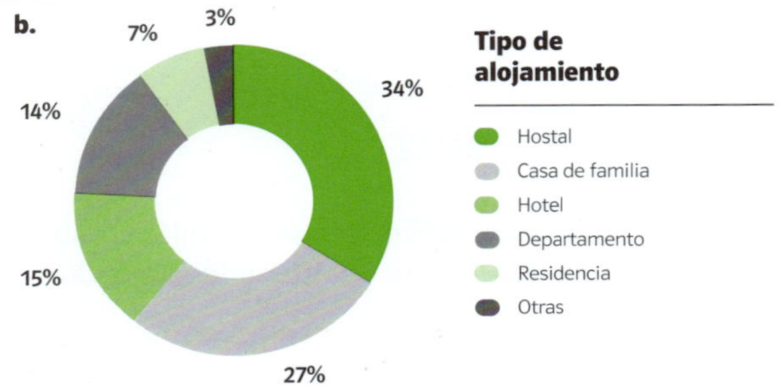

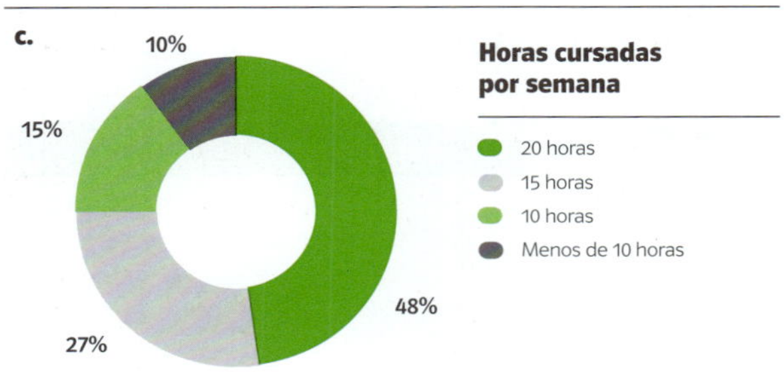

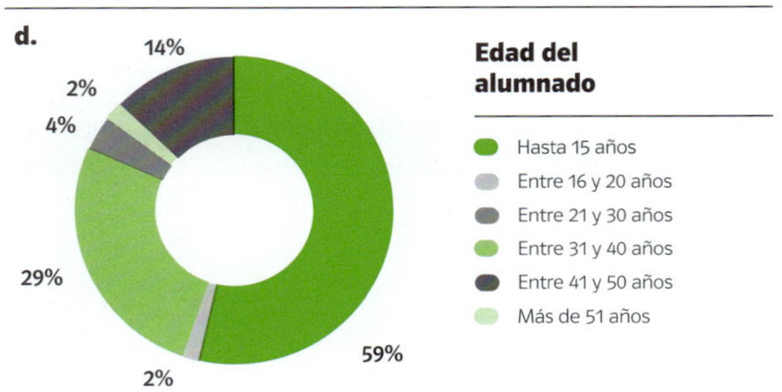

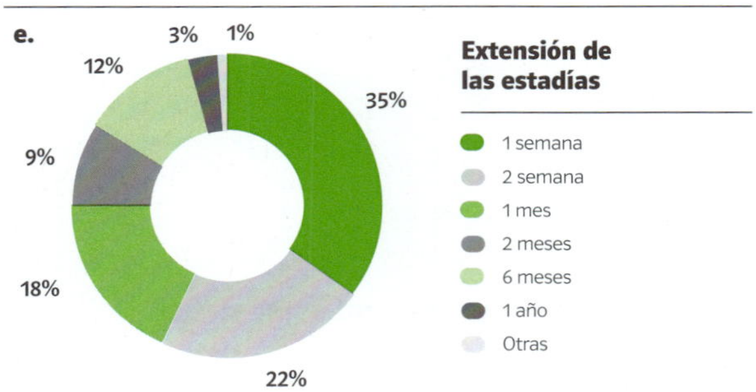

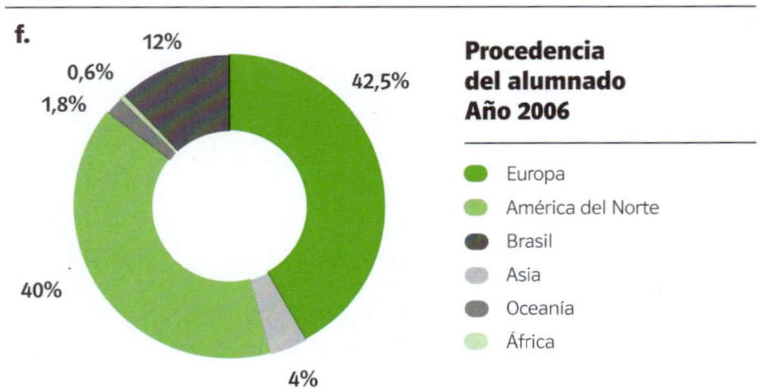

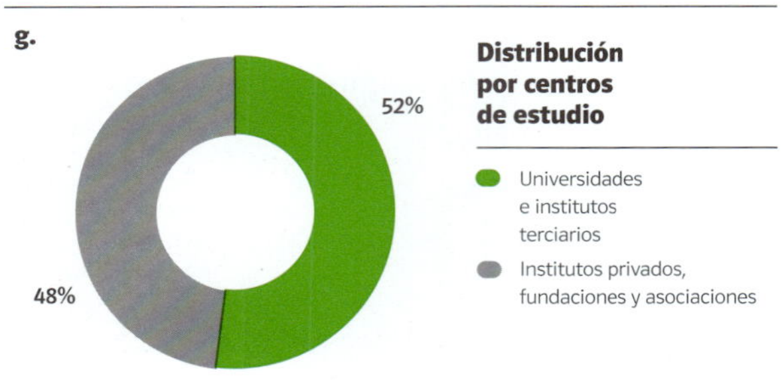

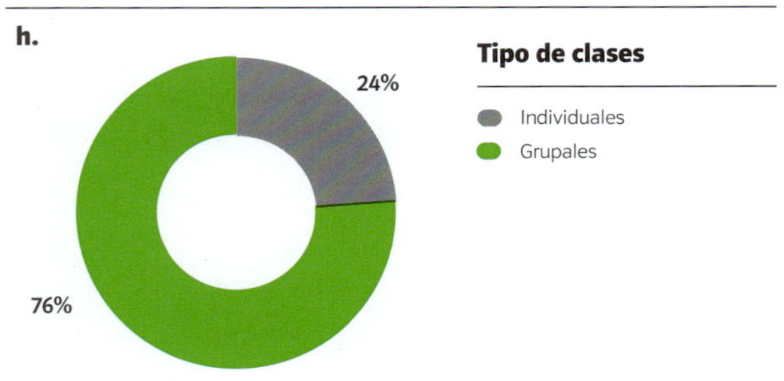

Quelle: Datos publicados en un estudio sobre los estudiantes de español en la República Argentina en los años 2004 a 2006.

1. ¿Qué tipos de centros de estudios prefieren los estudiantes? ....

2. ¿Cuántas horas por semana dedica la mayoría a aprender español? ....

3. ¿Qué porcentaje de estudiantes se queda un año en Argentina? ....

4. ¿Qué tipo de clases prefieren los estudiantes? ....

5. ¿De qué continente procede la mayor parte de los alumnos? ....

6. ¿Qué edad tiene la mayor parte de los estudiantes? ....

7. ¿Cuáles son sus motivos principales para ir a Argentina? ....

8. ¿Dónde prefiere alojarse el 61% de los estudiantes? ....

B. Welche Grafiken entsprechen diesen Behauptungen?

1. Casi no hay diferencia entre los dos tipos de centros: los estudiantes eligen tanto la universidad como los institutos privados. Esto se puede explicar por similares estrategias de promoción y participación en el mercado. → ______
2. Cuando eligen un lugar de residencia, los estudiantes de español prefieren lugares que permiten un contacto continuo con gente local y principalmente joven: hostales, casas de familias, y sólo en tercer lugar hoteles. → ______
3. Más del 75% de los estudiantes de español prefieren las clases grupales en 2006. → ______
4. Se ve claramente la preferencia por los cursos intensivos de más de diez horas semanales. Estos cursos concentran casi el 75% de la enseñanza impartida. → ______
5. El gráfico permite observar que los dos grandes contingentes que llegan a estudiar español a Argentina provienen de Europa y América del Norte. Los intercambios universitarios son los que aumentan estos números. → ______
6. Las motivaciones principales que atraen a los estudiantes de español hacia Argentina son el turismo y los cursos específicos de idioma. Estos dos aspectos concentran casi el 60% de los casos analizados. → ______
7. Si analizamos la duración de los cursos preferidos en 2006, observamos un aumento en las estadías breves (de un mes o menores), que en este período absorben el 84% de todos los cursos. → ______
8. El 85% de las personas que vienen a Argentina y realizan estudios de español tiene entre 21 y 40 años. Los menores de 30 años se acercan al español sobre todo a través de cursos de grado o programas de intercambio universitario, y los mayores de 30 tienen motivos laborales, necesitan el español para estudios de postgrado o para planes de actualización profesional. → ______

12. Familias de palabras

A. Diese Wörter stehen alleine und suchen ihre Wortfamilien. Hilf ihnen dabei, diese zu finden.

irrompible | escrito | personaje | irracional | impersonal | rompedor
personalmente | razonar | insuperable | razonablemente | iluminar
luminoso | escribiente | ruptura | iluminado | superación | razonable
superado | racional | iluminador | escritura | escritor | personalizar
sinrazón | roto | escribano

romper ....
persona ....
luz ....
superar ....
escribir ....
razón ....

B. Markiere die Partikel (Präfixe, Suffixe und Endungen) in den Wörtern, die du klassifiziert hast. Ordne sie dann nach Wortart: Substantiv, Adjektiv, Verb oder Adverb?

13. Asociograma: el viaje

Vervollständige dieses Wortnetz mit Vokabeln, die du damit verbindest.
Damit du schneller darauf kommst, kannst du die Texte dieser Lektion noch einmal durchlesen.

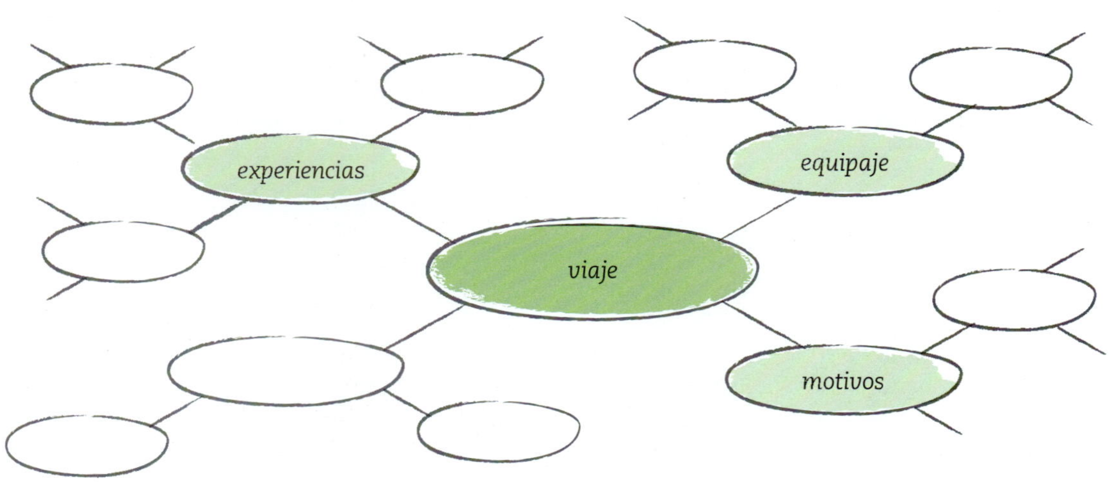

7 ¡A la mesa!

A2

1. Ayer estaba haciendo los ejercicios...

Lies die Texte und vervollständige dann die Sätze mit der passenden Struktur.

gerundio | **estar + gerundio** | **seguir + gerundio**

POLICÍA.– ¿Dónde estaba usted entre las nueve y las diez de la noche?
VECINO.– Estaba en casa.
POLICÍA.– ¿Y qué **estaba haciendo**?
VECINO.– **Estaba viendo** las noticias.

He visto a una señora **bailando** tango en la calle. Creo que **están haciendo** una película...

Mis tías Cecilia y Emma Sofía emigraron a Estados Unidos hace veinte años, pero **siguen hablando** español, **escuchando** música mexicana y **festejando** con esa pasión por la fiesta tan propia de México.

1. ○ ¿De dónde vienes?
   ● De la biblioteca de la escuela de español, es muy agradable. Hoy había un grupo de Erasmus (*leer*) .... periódicos, unas chicas francesas (*ver*) .... vídeos, un chico finlandés (*trabajar*) .... con su tándem y un señor (*buscar*) .... un diccionario de chino.
2. ○ A Alfonso, de niño, le encantaba leer. Leía en la escuela, en el autobús, cuando iba a visitar a su abuelita y, lógicamente, en casa. Por la noche, en la cama antes de dormir, ... (*leer*).
3. ○ ¿Dónde estabas anoche?
   ● En casa, ... (*cenar*) con amigos. ¿Por qué lo preguntas?
   ○ Es que tenía ganas de ir al cine o a tomar algo y te llamé.
4. ○ ¿Ya has decidido a qué país te vas a estudiar el año que viene?
   ● Me interesan los programas de intercambio de Ecuador y de Bolivia. En Ecuador conozco gente, pero en Bolivia puedo trabajar en el proyecto de la radio solidaria. No lo sé, todavía lo .... (*pensar*).
5. ○ Hombre, Miguel, ¿qué tal? ¿.. (*venir*) a este bar?
   ● ¡Sí! Pero a ti ya no te veo nunca por aquí...

2. De Madrid al cielo

Bob war ein Jahr lang als Erasmusstudent in Madrid und schreibt gerade einen Bericht über jene Zeit. Trage die richtigen Verbformen ein.

Memorias de un estudiante

Generalmente no (*levantarse*) ________ muy tarde, (*ducharse*) ________ y (*tomar*) ________ un café en el bar de la universidad antes de ir a clase. La primera (*empezar*) ________ a las diez de la mañana y (*ser*) ________ de Derecho Internacional. Después (*tener*) ________ otra de Derecho Comunitario. Eso los lunes. Los martes no (*tener*) ________ clases: (*ir*) ________ a la biblioteca o (*estudiar*) ________ con mi grupo de trabajo. En ese grupo (*haber*) ________ tanto españoles como Erasmus. Me (*ayudar*) ________ con los apuntes, me (*explicar*) ________ las cosas que no (*entender*) ________ y a veces me (*corregir*) ________ los ejercicios. Después (*comer*) ________ en la cafetería de la universidad. Ahora que lo pienso, nadie (*cocinar*) ________ en casa aunque (*vivir*) ________ en un piso compartido. A mí la comida me (*gustar*) ________ mucho porque no (*parecerse*) ________ en nada a la comida a la que (*estar*) ________ acostumbrado. Además, (*ser*) ________ muy barata. Por las tardes, los martes y los viernes, (*ir*) ________ al polideportivo porque yo juego al fútbol y también me gusta nadar. El miércoles (*ser*) ________ mi día preferido porque con otra chica holandesa, Lieve, (*ir*) ________ al Laboratorio de Lenguas. Nos (*encantar*) ________. Pero lo que más me (*gustar*) ________ (*ser*) ________ cuando (*encontrarse*) ________ con mi tándem, Mariluz.

Cuando (*tener*) ________ tiempo, me (*llevar*) ________ por la ciudad y me (*enseñar*) ________ cafés y librerías que yo no (*conocer*) ________. Yo le (*enseñar*) ________ neerlandés porque algún día, siempre me (*contar*) ________, (*querer*) ________ vivir en Utrecht. Creo que (*conocer*) ________ a alguien que (*vivir*) ________ allí. A mí me parece que (*estar*) ________ enamorada, pero nunca (*hablar*) ________ de eso. La verdad es que (*poner*) ________ muchísimo interés y (*apuntar*) ________ todo lo que yo le (*explicar*) ________.

Ahora es mi novia. Desde que vivo con Mariluz he aprendido muchísimo español. Cuando nosotros (*vivir*) ________ en Madrid, yo todos los días (*hacer*) ________ más o menos lo mismo, pero nunca (*aburrirse*) ________. ¡Para mí todo (*ser*) ________ nuevo! La gente, la universidad, la ciudad, la comida... Algunos fines de semana Mariluz y yo (*ir*) ________ a la sierra, (*caminar*) ________ horas y horas, también (*visitar*) ________ pueblos que (*haber*) ________ cerca. Creo que nunca he disfrutado tanto en mi vida. Si un día podemos, seguro que volvemos a Madrid.

3. Internet: un antes y un después

A. **Alberto Giménez erinnert sich in seinem Blog an die Zeiten, als es noch kein Internet gab. Trage die richtigen Verbformen ein.**

MIÉRCOLES 22 DE JUNIO DE 2011 9 COMENTARIOS

He estado reflexionando sobre mi vida cotidiana. Hoy he recibido y escrito unos 25 correos electrónicos, he tenido una reunión por skype, he usado un diccionario online para leer un informe en inglés, he entrado en el buscador de pisos y he comprado unos billetes de avión. ¡Y todo lo he hecho por internet! Me he puesto a pensar cómo se hacían las cosas antes de este invento revolucionario...

Hace solo 20 años, si tú ______ (*querer*) darle información a otra persona, ______ (*escribir*) una carta, ______ (*ir*) al buzón y la ______ (*tirar*). Si ______ (*equivocarse*) al escribir, en muchas ocasiones ______ (*tener*) que repetir toda la carta. Lógicamente, esto ______ (*ser*) muy lento y pesado, así que muchas cosas se ______ (*decir*) por teléfono. Otras maneras de enviar información ______ (*ser*) el fax (una especie de fotocopia a distancia que ahora me parece prehistórica) y los telegramas. Si ______ (*necesitar*) investigar sobre cualquier tema, ______ (*haber*) que buscarlo casi todo en libros, enciclopedias o revistas. Además, si ______ (*leer*) en idiomas extranjeros ______ (*poder*) pasarte horas buscando en el diccionario. Por supuesto, para hacer cualquier operación con tu dinero ______ (*ir*) al banco o a la caja de ahorros, y no ______ (*poder*) comprar nada sin ir a una tienda o a una agencia: ni billetes de avión, ni reservas de hoteles, ni ropa... Los anuncios para comprar o vender cosas de segunda mano los ______ (*encontrar*) solo en revistas especializadas, y si ______ (*buscar*) piso o trabajo... ¡______ (*usar*) el periódico! Pero hay muchas más cosas que no se ______ (*poder*) hacer antes de la era de internet. ¿Me ayudáis? ¡Enviadme vuestras ideas!

B. **Hinterlasse einen Kommentar in Albertos Blog.**

10 COMENTARIOS

...

4. Los gustos cambian

A. Sieh dir die Tabelle an und vervollständige die Sätze: Was hat sich bei Iñaki geändert und was ist so wie früher?

	Iñaki, de niño	Iñaki, ahora
ser tímido	x	
tener el pelo rubio	x	
odiar el queso	x	x
comer mucho chocolate	x	x
encantarle el arroz de su madre	x	x
no gustarle el tomate	x	

Antes…

.... tímido.
.... el pelo rubio.
.... el queso.
.... mucho chocolate.
.... el arroz de su madre.
.... el tomate.

- seguir siendo + Adjektiv
- seguir + Gerundium
- seguir gustándole / encantándole… + Infinitiv

Ahora…

.... tímido, le encanta estar con gente.
.... el pelo rubio, lo tiene castaño oscuro.
.... el queso.
.... mucho chocolate.
.... el arroz de su madre.
.... el tomate.

B. Schreibe eine Liste und vergleiche dich mit dir als Kind, so wie es Iñaki gemacht hat.

	yo, de niño	yo, ahora

C. Schreibe einen Text und vergleiche dich mit dir als Kind. Benutze dazu die Redemittel in der Sprechblase.

- antes era…, pero ahora…
  sin embargo, ahora…
  no obstante ahora…
- antes… y ahora sigo…
  y aún sigo…
  y todavía sigo…

....
....
....

5. Postales

Zu welchen Anlässen sollen diese elektronischen Postkarten verschickt werden? Schreibe zu jeder Karte einen passenden Text.

¡Que...

⚠ **Glückwünsche:**
- ¡Que + Subjuntivo...!

6. ¿Sabes cocinar?

Lies die folgenden Kochtipps und füge weitere hinzu. Benutze dazu die Elemente aus der Sprechblase oder andere.

1. *Las patatas, después de pelarlas, es mejor dejarlas en agua hasta el momento de cocerlas.*
2. .... no aliñar la ensalada si quieres conservarla para el día siguiente. Si quieres hacer una salsa, ... dejarla aparte.
3. Si quieres cocinar para mucha gente, ... recoger y limpiar primero la cocina: ¡es más cómodo!
4. ....
5. ....
6. ....
7. ....

- cocer la pasta → escurrir y comer enseguida
- freír ajo → dejar muy poco tiempo porque se quema enseguida
- ir al supermercado → saber qué vas a cocinar para no comprar demasiado

- Es recomendable / mejor / fundamental...
- Algo importante es...
- (No) Imperativ
- Si quieres...,tienes que / puedes...

7. ¿Sabías que...?

A. **Lies die Überschriften. Gibt es einen Brauch, ein spanisches oder lateinamerikanisches Fest, das du schon kennst? Notiere dir Schlüsselwörter zu den Themen. So wirst du die Information besser behalten können.**

Costumbres variadas

Café

Según algunas estadísticas, cada español toma unas 600 tazas de café al año. En total se consumen unas 170 000 toneladas de café verde. El 58% se consume en casa y el 42% en cafeterías, bares, restaurantes y máquinas. Hay una gran variedad de formas de prepararlo y servirlo. Hay quienes lo prefieren largo o corto, americano o expreso, solo, cortado o con más o menos leche, con o sin azúcar, en taza o en vaso…

Mate

El mate es una yerba que se toma en infusión, como el té o el café. El nombre "mate" deriva de la palabra quechua "matí" que significa vaso o recipiente para beber. Pero el mate no es solo una bebida, sino una costumbre que se comparte en Argentina, Uruguay, Paraguay y el sur de Brasil. La expresión "tomar unos mates" tiene un componente social. Tomando mate se comparte un rato, se escucha al otro… Y cuando se conoce a alguien, se suele decir, "si querés, venite a casa y nos tomamos unos mates". Toman mate los viejos, los jóvenes, los modernos, los ejecutivos… Y ya han aparecido los cibermates, lugares donde se puede navegar por internet y, además, tomar mate.

Una costumbre chilena: tomar once

Si vas a Chile y allí alguien te invita a tomar once, eso significa que estás invitado a tomar el té o café con pancitos. Se sirve entre las 4 y las 7 de la tarde. "Once" es un código que usaban los hombres para ir a beber aguardiente porque la palabra "aguardiente" tiene 11 letras. Después, con el tiempo, la hora del té pasó a ser "la once".

El Día de San Martín

El 11 de noviembre, día de San Martín, comienzan las matanzas familiares del cerdo. De aquí viene el dicho popular "a todo cerdo le llega su San Martín", que significa que a todo el mundo que ha hecho algo mal le llega su castigo, tarde o temprano. La matanza es una fiesta con una larga tradición en Galicia y en muchas partes de España. Con la participación de los familiares y amigos, se mata un cerdo, se limpia, se corta y se prepara para su conservación. Todas las partes del animal se aprovechan para comer. Ese día se hace una comida, sobre todo a base de cerdo, claro.

El Día de los Muertos

Los días 1 y 2 de noviembre se celebra en México el Día de Muertos. Es una de las tradiciones que el pueblo mexicano conserva desde antes de la llegada de los españoles. Los familiares recuerdan a sus muertos con cariño, haciéndoles una ofrenda o llevando flores a su tumba. A las 8 de la tarde se encienden las velas porque es la hora de las ánimas. A la muerte la representan en caricaturas y "calaveras", que se comen en forma de figuras dulces o de pan. El ilustrador José Guadalupe Posada ridiculizó a la clase alta mexicana con una serie de dibujos de calaveras que hoy son muy famosos.

B. **Simon ist gerade in Argentinien angekommen und schreibt folgende E-Mail an eine Freundin. Allerdings hat er ein paar Fehler gemacht. Seine Freundin Paula hat die Webseite "Costumbres variadas" gelesen und möchte die Fehler von Simon korrigieren. Was antwortet sie?**

Querida Paula:

¿Cómo estás? Yo bien, todavía estoy instalándome y conociendo mi barrio en Buenos Aires, pero lo que más me interesa son las costumbres de la gente, sobre todo las relacionadas con la comida y la bebida. Además de argentinos, he conocido a chilenos, mexicanos y españoles. Los chilenos toman té a las once de la mañana, mientras desayunan. Y los argentinos toman mate a todas horas, una costumbre que comparten con los bolivianos. Los españoles me cuentan que en España casi nadie toma café ya, prefieren el mate. Y en México, en agosto, muchas familias matan un cerdo, y tienen una frase: "a todo cerdo le llega su San Martín", que significa que a todo el mundo le llega la buena suerte algún día. En fin... tengo que saber qué pasa con el del Día de Muertos, porque hoy es 1 de noviembre, y yo no veo calaveras por ningún lado...

¡Sigo investigando!

Hasta muy pronto, un beso,

Simon

Hola, Simon, ¿qué tal? Seguro que lo estás pasando muy bien, pero creo que te has equivocado con la información...

8. ¡A la mesa!

CD1 66-68

A. **Höre, welche Essgewohnheiten diese Personen haben, und fülle die Tabelle aus.**

	persona 1	persona 2	persona 3
Dónde come:			
Con quién come:			
Alimentos:			

B. **Antworte auf dieselben Fragen und beschreibe deine eigenen Essgewohnheiten.**

Dónde como: ....

Con quién como: ....

Alimentos: ....

9. ¡A cocinar!

A. Gehe die Lektion noch einmal durch und notiere unter jedem Überbegriff die Nahrungsmittel, die du kennst.

carnes	pescados	verduras y hortalizas	frutas	lácteos (derivados de la leche)

B. Diese Verben haben etwas mit dem Kochen zu tun. Verstehst du alle? Schlage sie, wenn nötig, im Wörterbuch nach.

hervir | cortar | asar | freír | trocear | echar | mezclar | hacer al horno | hacer a la plancha | aliñar | calentar | pelar | congelar | lavar

C. Schreibe mit diesen Verben entweder ein typisches Rezept aus deinem Land auf, oder das Rezept eines Gerichts, das dir gut schmeckt.

· se + hierve(n) / corta(n)...

Mi receta: ....

....

....

10. Taller de palabras

A. Verbinde die Elemente der drei Spalten so miteinander, dass möglichst viele Wörter entstehen. Vergewissere dich im Wörterbuch, dass es alle Wörter tatsächlich gibt.

	soportar	
in-	calcular	-ado
	abrochar	
im-	componer	-ble
	orientar	
ir-	estructurar	-esto
	tocar	
des-	romper	-nte
	poner	
	presionar	

(des- → orientar → -ado)

....

....

....

B. Schreibe mit mindestens fünf dieser Wörter einen Text.

8

Aquel día...

A2

1. El amor lo cambia todo

A. Fernando führte ein sehr langweiliges Leben, doch eines Tages verliebte er sich, und alles wurde anders. Diese Sätze stehen in einem Brief, den Fernando an seine Freundin schreibt. Vervollständige sie mit den korrekten Formen im Imperfekt oder Indefinido.

a. Antes de estar contigo (*estar*) .... deprimido, mi vida (*ser*) .... monótona y no (*tener*) .... sentido. Pero el día que te (*conocer*) .... (*cambiar*) .... completamente.

b. Cuando no te (*conocer*) ...., (*pensar*) .... que las historias de amor (*ser*) .... una tontería o un invento, pero entonces (*aparecer*) .... tú y (*empezar*) .... a verlo de otra forma. Ahora pienso en ti a todas horas y te escribo cartas de amor.

c. Antes (*ser*) .... una persona poco sociable, solo (*hablar*) .... con Sócrates, mi loro. Pero (*llegar*) .... y me (*enseñar*) .... qué es la felicidad. Contigo (*aprender*) .... a reírme de todos mis problemas. Mucho más: ¡ahora ya no tengo problemas!

B. Markiere jetzt, welche Handlungen eine andere Handlung oder eine Beschreibung der Umstände unterbrechen, und achte darauf, welche Zeitform du benutzt hast.

2. Momentos inolvidables

A. Notiere die fünf wichtigsten Geschehnisse, die die Welt in den letzten 10 Jahren erlebt hat.

Principales acontecimientos entre los años y .

B. Wähle eines dieser Geschehnisse. Erinnerst du dich an den Augenblick, als du davon erfahren hast? Vervollständige die Tabelle.

In Berichten und Erzählungen helfen sowohl die **Zeitangaben**, wie auch die Konnektoren, den Text zu **strukturieren**. Suche einen Text aus, markiere sie und achte darauf, wie sie funktionieren.

¿Qué estabas haciendo?	
¿Con quién estabas?	
¿Dónde estabas?	
¿Qué hiciste cuando conociste la noticia?	
¿Qué pasó después?	

C. Schreibe nun einen Bericht. Achte auf die Verbzeiten, die du dazu benötigst. Du kannst die folgenden Zeitangaben benutzen.

el día que | entonces | cuando | luego | después | en ese momento | antes de | después de | de pronto

3. Un relato policíaco

Setze die richtige Form des Imperfekt oder Indefinido ein. Achte auf den Aufbau der Erzählung in der linken Spalte.

El famoso robo en la casa de los Erasmus

[*se empieza* ***describiendo*** *una situación*]

(*ser*) ______ un domingo de agosto. No (*haber*) ______ nadie en el piso de los estudiantes Erasmus. Alessandra (*estar*) ______ en la biblioteca y Sandrine, a esa hora, estaba tomando una copa con unos amigos.

[*aparece la acción:* ***lo que ocurrió esa noche***]

Esa noche Alessandra (*llegar*) ______ tarde a casa. (*abrir*) ______ el portal, (*subir*) ______ las escaleras y... ¿qué (*ver*) ______ ?

[*se describe la situación del piso:* ***las circunstancias que rodean a la acción anterior***]

¡La puerta (*estar*) ______ abierta y el piso desordenado!

[*la* ***acción*** *avanza; Alessandra toma una decisión*]

Alessandra (*decidir*) ______ llamar a la policía. Al día siguiente (*venir*) ______ la detective Hurtado, que (*examinar*) ______ el piso y le (*hacer*) ______ muchas preguntas. Después, (*bajar*) ______ al primer piso para hablar con un vecino.

[*se describe cómo era ese vecino:* ***circunstancias***]

El vecino del primero (*ser*) ______ un tipo raro. (*vivir*) ______ solo. (*tener*) ______ un loro que (*llamarse*) ______ Sócrates y a menudo (*habla*) ______ con él. Le (*contar*) ______ sus cosas y el loro siempre lo (*escuchar*) ______ atentamente. No (*saber*) ______ muchas palabras. (*poder*) ______ decir: ¡Sí!, ¡No!, ¡Hola!, y ¡Felipe, eres el mejor! En realidad Felipe –así (*llamarse*) ______ el vecino– no (*necesitar*) ______ nada más. La noche del robo los dos (*estar*) ______ en casa, como todas las noches.

[*continúa la* ***acción*** *de esa noche*]

Después de hablar con Felipe, la Sra. Hurtado (*subir*) ______ al tercero, al piso de la señora Dolores. (*llamar*) ______ dos o tres veces. Finalmente, la señora Dolores (*abrir*) ______ la puerta, la (*invitar*) ______ a pasar y le (*ofreció*) ______ una cerveza. La detective (*decir*) ______ que no y (*empezar*) ______ con las preguntas. La vecina le (*contar*) ______ lo siguiente:

la vecina explica las **circunstancias** *que rodean a la acción que ella vio*

La noche del robo estaba viendo las noticias. (*ser*) ______ más o menos las nueve. Todas las noches (*ver*) ______ las noticias y (*cenar*) ______ en casa. Nunca (*salir*) ______ de noche a la calle porque le (*parecer*) ______ peligroso. Antes todo (*ser*) ______ diferente: siempre (*sentarse*) ______ en la calle las noches de verano a charlar con sus vecinos, nadie (*cerrar*) ______ las puertas ni las ventanas. Se (*poder*) ______ vivir tranquilo. El problema (*ser*) ______ que la detective Hurtado no (*tener*) ______ tiempo para charlar...

4. ¿Qué pasó? ¿Cómo estaba el piso?

Dies ist das Gespräch zwischen der Detektivin Hurtado und Alessandra. Vervollständige den Dialog mit den korrekten Formen im Imperfekt oder Indefinido.

- ■ Bien. Cuénteme dónde ***estaba*** la noche del robo.
- □ En la biblioteca, estudiando. A las ocho menos cuarto (*levantarse*) ...., (*tomar*) .... mis cosas y (*volver*) .... a casa con Sebastián.
- ■ ¿Quién es Sebastián?
- □ Uno de los chicos que comparte el piso conmigo.
- ■ ¿(*ir*) .... directamente a casa?
- □ No. (*pasar*) .... antes por el supermercado, (*comprar*) .... algo para comer y...
- ■ ¿Y después?
- □ (*entrar*) .... al bar que está enfrente a tomar una cerveza.
- ■ ¿Por qué no (*subir*) .... directamente al piso?
- □ (*ser*) .... una noche estupenda, (*hacer*) .... calor, (*tener*) .... ganas de estar en la calle... ¿A usted no le gustan las noches de verano?
- ■ Las preguntas las hago yo. ¿A qué hora (*subir*) .... al piso?
- □ Más o menos a las diez.
- ■ ¿Y entonces?
- □ Cuando (*llegar*) ...., la puerta (*estar*) .... abierta, la luz encendida y todo muy desordenado.
- ■ ¿Y después? ¿Qué (*hacer*) ....?
- □ Poner un poco de orden... Y así (*darse*) .... cuenta de que (*faltar*) .... cosas.
- ■ De acuerdo, dígame lo que (*faltar*) ....
- □ Pues dinero, una maleta, y la bicicleta de Sandrine.
- ■ ¿Dónde (*estar*) ....?
- □ ¿Quién? ¿Sandrine?
- ■ No, la bicicleta.
- □ En el balcón, con la maleta, es que acabamos de cambiarnos de piso y...
- ■ ¿Cuánto dinero (*haber*) ....?
- □ Unos 500 euros.
- ■ ¿Y por qué (*tener*) .... tanto dinero en casa?
- □ (*querer*) .... hacer una fiesta.
- ■ Bien, ¿puedo hablar ahora con la otra persona que vive en el piso?

5. Un argumento de película

A. Lies die Zusammenfassung des Films *Diarios de motocicleta*. Schreibe den Text noch einmal und setze die unterstrichenen Verbformen ins Imperfekt oder Indefinido.

Ernesto Guevara y Alberto Granado tienen un plan: viajar por América Latina durante un largo período de tiempo. Los dos amigos dejan Buenos Aires en una antigua motocicleta Norton de 500 cc del año 1939, "La poderosa". La moto se rompe, pero los viajeros continúan en autostop. Poco a poco, a través de las personas que encuentran en su viaje, van tomando contacto con una Latinoamérica desconocida para ellos. Su ruta los lleva hasta Machu Picchu, donde las majestuosas ruinas y la extraordinaria presencia de la cultura incaica los impresionan profundamente. Cuando llegan a San Pablo, un lugar en la selva amazónica donde había un asilo de leprosos, se quedan, ayudan a tratarlos y pasan un tiempo con ellos. En ese momento los dos viajeros comienzan a cuestionar el valor del progreso tal como lo definían algunos sistemas económicos. Sus experiencias en el trabajo con los leprosos despiertan en ellos a los hombres que iban a ser en el futuro. Allí se define el camino ético y político de sus vidas.

B. Erzähle eine Anekdote im Präsens.

- Pues resulta que el otro día me encuentro a...

6. Pasaporte lingüístico

Lies zuerst Valentinas Sprachpass. Fülle dann den Text auf der nächsten Seite mithilfe der dort angegebenen Wörter aus. Einige Wörter kommen mehrmals vor.

Apellido:
Conku
Nombre:
Valentina
Lengua materna:
alemán
Otras lenguas:
español, inglés, francés, italiano

Experiencias lingüísticas y culturales

Estudios:
cursando Filología Hispánica (Hispanistik/ Lateinamerikanistik), Universität Potsdam (inicio: 2007)
Aprendizaje autónomo:
tándem, cursos 2009-2010 y 2010-2011
Estancias en el extranjero:
vacaciones en Málaga (España), veranos 2005-2007
Prácticas:
Escuela de Español Sancho Panza (Berlín), mayo-julio 2011
Otros:
***au pair* para una familia colombiana (agosto 2011), cursos en academia de español ¡Vamos! (2006-2007)**

Certificados y diplomas

Diploma de Español como Lengua Extranjera (DELE), A2

desde... hasta | desde que | desde hace | hace... que | desde | entre | hace

15 de agosto de 2011

Mi nombre es Valentina Conku y soy de Esslingen, Alemania. Vivo en Berlín ________ tres años. ________ los años 2006 y 2007 fui a clases de español en mi ciudad, Esslingen. Ahora estudio Filología Hispánica en la Universidad de Potsdam ________ el año 2007, es decir que ________ varios años ________ estudio español. Además, ________ dos años estuve de vacaciones en Málaga, Andalucía, y ahora estoy trabajando de *au pair* en casa de una familia colombiana que vive en Berlín. ________ trabajo allí, practico mucho español. También hice tres meses de prácticas en la escuela Sancho Panza de Berlín, ayudando a la jefa de estudios en la organización de los cursos.
________ dos años ________ tengo un tándem: es una profesora argentina que quiere aprender alemán. ________ escucho tantos acentos y dialectos (el castellano de Argentina, de Colombia, de España...) estoy aprendiendo mucho más, pero a veces también me confundo. Quizá el próximo verano voy a ir a Tenerife: unos amigos de la familia colombiana me preguntaron si quería cuidar a sus hijos durante las vacaciones, ________ julio ________ septiembre. Pero todavía no sé si voy a ir porque es mucho trabajo, mucho tiempo y no está muy bien pagado. Prefiero trabajar en Berlín, ahorrar dinero y visitar a mi familia: ¡________ mucho tiempo ________ no la veo!

7. ¿Por ella o para ella?

Auf diesen Pfeilen findest du einige Schlüsselwörter zum Gebrauch von por und para. Lies die Sätze und schreibe jeweils die Nummer hinter das passende Schlüsselwort.

- destino ....
- fecha límite ....
- finalidad ....
- destinatario ....
- causa ....
- localización en el tiempo ....

Por und **para** werden ganz unterschiedlich gebraucht. Suche die Fälle heraus, die dir Probleme bereiten, und "isoliere" sie.

1. ¿Para cuándo es esta entrega?
2. En los Andes la mujer tiene que ser fuerte para trabajar en el campo.
3. Tanto el hombre como la mujer tienen que demostrar buenas cualidades para vivir juntos y formar una familia.
4. Nos vamos para la playa, ¿vienes?
5. Para mí un cortado, por favor.
6. Mañana no puedo ir: por la mañana tengo clase y por la tarde trabajo en la tienda.
7. Oye, no nos olvidemos de comprar zumo para Macarena, que no toma alcohol.
8. Pasaré por casa para recoger las entradas antes de encontrarnos en el teatro.
9. Si el Sirvinacuy fracasa, las consecuencias negativas son para la mujer.
10. Añade información más detallada para mejorar tu texto.
11. Los autobuses para todas las regiones del país salen de la estación central.
12. Lleva cuatro años preparándose para participar en los Juegos Olímpicos.
13. Enrique no se ha ido de vacaciones por su madre.

8. Sor Juana Inés de la Cruz

A. Lies den Text und achte auf die Zeit, in der er abgefasst ist.
Um was für eine Textsorte handelt es sich? In welcher anderen Zeitform könnte er auch stehen?

B. Trage die fehlenden Präpositionen ein.

SOR JUANA INÉS DE LA CRUZ (1651–1695).
ESCRITORA MEXICANA.

Juana Inés de Asbaje y Ramírez nació .... un pueblo del valle de México, San Miguel de Nepantla, el 12 de noviembre de 1651. Fue hija .... madre mexicana y .... padre vasco. Es reconocida como la mayor figura de las letras hispanoamericanas del siglo XVII.

de / en

De niña aprendió náhuatl con sus vecinos. A los tres años sabía leer y escribir y a los ocho escribió su primer poema. Descubrió la biblioteca .... su abuelo y así empezó a interesarse por los libros. Aprendió todo lo que era conocido en su época: leyó a los clásicos griegos y romanos y la teología del momento y aprendió latín como autodidacta escuchando las clases que recibía su hermana. Admirada .... su talento, a los catorce años fue dama de honor de Leonor Carreto, esposa del virrey Antonio Sebastián de Toledo y brilló .... la corte virreinal de la Nueva España .... sus amplios conocimientos y .... su habilidad escribiendo versos.

por / de / en

Quiso ir a la universidad, incluso pensó en vestirse de hombre .... poder estudiar y desarrollar sus intereses intelectuales, pero finalmente decidió que lo más fácil era hacerse monja. Aunque ya era famosa y admirada, en 1667 entró .... un convento y fue monja durante toda su vida.

en / para

Su celda se convirtió en punto de reunión .... poetas e intelectuales. Allí realizó experimentos científicos, reunió una gran biblioteca, compuso obras musicales y escribió una extensa obra que contenía diferentes géneros, ... la poesía y el teatro .... tratados filosóficos y estudios musicales. También fue administradora del convento.

hasta / desde / para

A pesar de las críticas recibidas .... la Iglesia, la poetisa siempre defendió el trabajo intelectual de las mujeres. Pero poco antes .... su muerte, ya .... la época de la Santa Inquisición, la Iglesia la obligó a deshacerse de su biblioteca y de su colección de instrumentos musicales y científicos. Sor Juana Inés de la Cruz murió durante una epidemia el 17 de abril de 1695, a los cuarenta y tres años.

en / de / por

C. Sieh dir die grün markierten Stellen an und übersetze sie in deine Muttersprache.
Hast du immer Präpositionen benutzt?

D. Die unterstrichenen Verben und die nachfolgende Präposition stehen fast immer zusammen.
Erstelle mit ihnen eine Liste und füge die Verben mit Präposition hinzu, die du schon kennst.

E. **Fülle diese Lesekarte über Sor Juana Inés de la Cruz aus. Erzähle dann einer anderen Person, wer sie war.**

Nombre y apellido: ....

Fecha y lugar de nacimiento: ....

Características que destacan: ....

Profesión y razones para escogerla: ....

Actividades laborales: ....

Tipo de escritos: ....

Problemas con la Iglesia: ....

Fecha de muerte: ....

9. Amor a primera vista

A. **Rafa erzählt von dem Tag, an dem er seine Frau kennenlernte. Lies den Text und erfinde das Ende.**

Yo conocí a Sandra, mi mujer, cuando estaba estudiando en la universidad, hace más de diez años. Yo estaba en el bar de la facultad de Filosofía (en realidad no estudiaba Filosofía, pero el bar de esa facultad era el que más me gustaba porque allí podía leer a mis autores favoritos sin interrupciones) y vi que Sandra me miraba desde su mesa, en la otra punta del bar. Ella estaba sonriéndome y cuando yo le sonreí, ella me guiñó un ojo. Estaba preciosa y yo me puse muy nervioso: me pregunté si no era una broma. Poco después, yo estaba intentando volver a leer mi libro cuando su voz me interrumpió: "¿estás estudiando aquí?" me dijo. Yo le dije que no, que solo estaba allí por el silencio y por la tranquilidad del bar. "¿Has venido para leer más concentrado?" Le dije que sí. "¿Y lo estás consiguiendo?" Le dije que no, y que ella tenía la culpa. "Lo siento, ¿cómo lo puedo arreglar?" me dijo Sandra. Y entonces...

B. **Sieh dir die unterstrichenen Strukturen an (estar + Gerundium). Welche beschreiben eine gewöhnliche Situation in der Vergangenheit und welche eine, die in dem Augenblick geschieht, von dem berichtet wird?**

C. **Erinnerst du dich an den Tag, an dem du deine/n Partner/in oder eine/n Freund/in kennengelernt hast? Was hast du da gerade gemacht? Berichte schriftlich darüber.**

10. La vida de Carolina

CD1 69

Höre noch einmal, wie Carolina von ihren Erfahrungen erzählt und vervollständige den Text mit den passenden Verben oder Substantiven.

En el instituto, Carolina formó parte de un grupo de .... en el que aprendió ...., ... y a .... Luego se fue a ...., donde se aficionó al .... Y es que en las playas de Vizcaya hay unas .... magníficas. Ya en El Cairo .... a .... en parapente. En Egipto .... un año. Ahora ya ha acabado la carrera, lo .... todo con buenas notas. No ha cogido un .... en todo el verano.

11. Silencio, se rueda

A. Welche Filmgenres kennst du? Erstelle eine Liste.

Géneros cinematográficos

(una película de) ciencia ficción ....

....

....

....

....

B. Vervollständige diese Karteikarte. Trage entweder die Daten eines dir bekannten Films ein oder erfinde einen.

Título: ....

Género: ....

Personajes: ....

....

....

Actores: ....

....

....

Argumento: ....

....

....

....

C. Beschreibe das Aussehen des Hauptdarstellers und benutze dazu folgenden Adjektive.

rubio | azules | bajo | bigote | delgado | mayor | gafas | rizado | largo | barba | calvo | liso | marrones | pelirrojo | gordito | moreno | castaño | verdes | joven | negros | ondulado | alto | corto

D. Was sagt die Kritik über den Film? Hier hast du eine Reihe von Ausdrücken, um einen Film zu beurteilen. Schreibe damit deine persönliche Filmkritik.

obra maestra | película de culto | un clásico | terrorífica | horrible | sublime | estupenda | soberbia | preciosa | divertida | entretenida | aburrida | apasionante | prescindible | imprescindible

9

Haciendo memoria

B1

1. Busco habitación

A. **John busca piso en Santiago de Compostela. Lee su anuncio y marca los verbos correctos.**

¡Hola! Estoy buscando habitación en un piso que **es** / **sea** luminoso y **tenga** / **tiene** balcón o terraza. No tiene que ser céntrico. Prefiero que **está** / **esté** cerca de la universidad para poder ir caminando. El piso que tengo ahora no me gusta porque **es** / **sea** caro y no tiene mucha luz. Me gustaría compartirlo con una persona que también **estudie** / **estudia**, pero lo que más me interesa es que esa persona **es** / **sea** de América Latina o de España, porque lo que yo **quiero** / **quiera** es hablar en castellano ¡Ahora **vivo** / **viva** con un alemán y solo **hablamos** / **hablemos** inglés!

Interesados: llamar al 627 532 835.

B. **Anota estas informaciones sobre lo que acabas de leer. ¿Con qué tiempo verbal están escritas en el anuncio?**

características de su piso actual	características de su piso futuro
características de su compañero actual	**características de su compañero futuro**

2. Un posible trabajo para Pilar

Completa esta conversación telefónica.

- Hola, Pilar, ¿qué tal?
- ¡Hola, Sol! Bien, bien, ¿y tú?
- Oye, ¿todavía buscas trabajo? Acabo de leer un anuncio que creo que es perfecto para ti.
- ¿Sí?, a ver, cuéntame.
- Están buscando personas que .... (*querer*) trabajar a tiempo parcial… ¿Tú no tienes clase por las tardes este semestre, no?
- No.
- Pues es compatible con tus horarios en la facultad y no piden ninguna titulación universitaria.
- Pero… ¿Qué buscan?
- Personas jóvenes, que .... (*saber*) español e inglés para trabajar en el punto de información de una librería, que .... (*poder*) trabajar tres horas cada tarde y que no .... (*ser*) mayores de veinticinco años.
- Ah, genial, me parece interesante. ¿Hay un número de teléfono?
- Sí: el 915 648 976.
- Voy a llamar enseguida. ¡Muchas gracias!
- De nada. ¡Que tengas suerte!

3. ¿Subjuntivo, indicativo o infinitivo?

Marca la opción correcta.

1. Valentina busca piso cerca de la universidad. Tiene que **ser** **sea** luminoso, no muy caro y estar bien comunicado.
2. Estas vacaciones quiero **ir** **vaya** a América Latina y quiero que tú **venir** **vengas** conmigo.
3. ¿Tienes ganas de que **vamos** **vayamos** al concierto de Manu Chau? Yo tengo muchísimas ganas de que **vamos** **vayamos** juntas.
4. Recuerda que es muy importante que **haces** **hagas** bien este examen. Si lo **haces** **hagas** bien, voy a hacerte un regalo.
5. ¿Es importante **rellenar** **rellene** todos estos formularios?
   Claro, es necesario que los **rellenes** **rellenas** **rellenar** todos.
6. Si necesitas algo, **dímelo** **que me lo digas** **lo decir**.
7. Necesitamos **hablar** **hablemos** con nuestra tutora porque acaban de decirnos que es necesario **ir** **vayamos** a la reunión de información y yo hoy tengo mucho que hacer.
8. Te aconsejo que **buscas** **busques** una compañera de piso que **habla** **hable** español. Si **habláis** **habléis** en inglés, nunca vas a aprender español.

4. Consejos del sabelotodo

A. ¿Sabes qué quiere decir ser un sabelotodo y ser un mandón? Si no lo sabes, búscalo en un diccionario y explica qué cosas hacen el uno y el otro.

B. Completa las frases que hablan sobre un sabelotodo y sobre una mandona.

1. La chicas quieren hacer un viaje a Perú. Juan, el sabelotodo, les recomienda que (*llevar*) .... siempre buenos mapas, que (*aprender*) .... algunas palabras en quechua, que (*cambiar*) .... dinero antes y que (*hacer*) .... reservas en hoteles baratos.
2. Según Juan, el sabelotodo, para aprender bien una lengua es necesario que (*tú, leer*) .... el periódico todos los días y que (*tú, hacer*) .... una lista de las palabras nuevas, que (*tú, ver*) .... televisión o que (*tú, ir*) .... a ver películas y que (*tú, escuchar*) .... canciones o programas de radio, que (*tú, buscar*) .... personas con quienes hablar y practicar, que (*tú, viajar*) .... a un país donde se hable esa lengua. Ah, y también que te (*tú, comprar*) .... un buen diccionario.
3. La madre de Jaimito es un poco mandona y todas las tardes le pide a su hijo que (*hacer*) .... muchas cosas. Hoy quiere que (*ir*) .... al supermercado y (*comprar*) .... aceite y un paquete de arroz, que (*ordenar*) .... su habitación y que (*hacer*) .... los deberes antes de ponerse a ver los dibujos. Pero también quiere que (*merendar*) ....

5. ¿Qué había pasado antes?

A. Lee la historia de Isabel y Javier y completa las frases.

Fines de 1990	Isabel y Javier se conocen en una fiesta.
1991	Se enamoran y empiezan a salir.
1992	Se casan y se van a vivir a Estocolmo.
1993	Nace la primera hija: Sophie.
1994	A Isabel le ofrecen un puesto de trabajo en Barcelona y deciden volver.
1995	Javier no encuentra trabajo y empiezan los problemas.
1996	Isabel se queda embarazada otra vez, pero su relación no va bien.
1997	Javier vuelve a Estocolmo porque le dan un puesto en la universidad.
1998	Isabel va a visitar a Javier. En el avión conoce a Olaf...

1. Cuando se fueron a vivir a Estocolmo, Sophie todavía no ....
2. Un año después del nacimiento de Sophie, Isabel y Javier volvieron a Barcelona porque a Isabel le .... un trabajo.
3. Como Javier no tenía trabajo en Barcelona y la relación no iba bien, decidió volver a Estocolmo, donde le .... un puesto de profesor en una universidad.
4. Cuando Isabel volvió a Estocolmo, ya estaba enamorada de Olaf. Lo .... en el avión cuando iba a visitar a Javier.

B. Escribe cuatro frases más hablando de otros momentos de su vida juntos.

En 1992, Isabel y Javier se casaron. Se habían conocido en una fiesta.

6. Mundeta

Mundeta, la joven protagonista de *Ramona, adiós*, cuenta en primera persona lo que pasó cuando le dijo a su madre que quería irse de casa. Escribe los verbos en indefinido y pluscuamperfecto y termina el relato con lo que crees que pasó.

Esa mañana, mi madre entró en mi habitación gritando. Pensaba que no ________ (*dormir*) en casa, cuando yo, en realidad, acababa de despertarme. Se lo ________ (*explicar*), pero ella no quería entender. Y lo que es peor, la abuela también ________ (*comenzar*) a opinar. Ya sabes que mi abuela es muy católica y que se pasa horas y horas rezando el rosario y no me deja dormir. Mi madre no hacía otra cosa que protestar, diciendo que la universidad me ________ (*cambiar*), que ya no era la misma. Yo intenté contarles que quería irme de casa por unos días, pero no había manera.
Mi abuela tenía miedo. Me ________ (*preguntar*) si yo ________ (*hacer*) algo feo, que es su manera de saber si yo estaba embarazada. Yo ________ (*seguir*) insistiendo, pero no había forma de convencer a mi madre, no quería escucharme y solamente repetía que había que esperar a mi padre. Finalmente, no ________ (*poder*) hacer otra cosa que explicarles la verdad. Ya no tenía ganas de escuchar todo lo que ________ (*hacer*) por mí, que si me ________ (*comprar*) todos los vestidos que quería, que si me ________ (*mandar*) a Inglaterra a estudiar... Así que les ________ (*decir*) simplemente que tenía que irme porque la policía podía venir a buscarme. **Mi madre y mi abuela...**

Um Texte anzureichern und interessanter zu gestalten, kannst du den Verben ein **Gerundium** (**entró gritando**) oder ein Adverb (**entró tranquilamente**) zur Seite stellen.

7. ¿Cuándo suceden estos acontecimientos?

A. Elige la forma correcta del verbo.

Cuando...
- **llegas** / **llegues** a casa, llámame por teléfono y quedamos para salir.
- **tenga** / **tengo** tiempo, me encanta hacer excursiones a la sierra.
- los padres **compraban** / **compraron** una casa en la playa, no había muchos turistas.
- **terminé** / **terminaba** la escuela, comprendí que lo que quería era estudiar Medicina.
- **comprendéis** / **comprendáis** lo que ha pasado, es posible que cambiéis de opinión.
- **tenemos** / **tengamos** más dinero, vamos a comprar una casa más grande.
- **llegue** / **llegué** a casa, encontré un mensaje de Pablo. Decía que no podía venir.
- **comprendamos** / **comprendimos** lo que pasó, ya era muy tarde para ayudarles.
- **terminéis** / **termináis** de hacer los ejercicios, podéis comenzar con la traducción.
- **tenía** / **tengo** tiempo, me gustaba quedarme en casa leyendo y escribiendo.

B. Rellena esta tabla con las frases con **cuando** del apartado anterior como en el ejemplo. ¿Ya ha sucedido o todavía no lo que se dice en ellas?

ya ha sucedido	todavía no ha sucedido
	Cuando llegues a casa...

8. Valentina en Antigua

A. Completa con una forma adecuada del verbo (perfecto, imperfecto o pluscuamperfecto). Para escogerla, ten en cuenta cómo son las acciones.

1. Acciones sucedidas una vez en el pasado.
2. Acciones pasadas anteriores a otras acciones pasadas.
3. Acciones habituales en el pasado.

Este año, Valentina (*hacer*) ________ un curso de español en Antigua, Guatemala. Le (*parecer*) ________ muy interesante porque no solo (*aprender*) ________ gramática, sino muchas cosas sobre el país. Además (*conocer*) ________ a muchísima gente de otros países. Nunca (*estar*) ________ en América Latina. Piensa volver el verano que viene. Me lo (*decir*) ________ hoy.
Para ella, un día normal durante el curso era así: (*levantarse*) ________ temprano, a eso de las ocho. (*desayunar*) ________ y (*tomar*) ________ el autobús que la (*llevar*) ________ a la escuela. Las clases (*empezar*) ________ a las 9.30. La profesora (*traer*) ________ el periódico y les (*leer*) ________ las noticias del día y las comentaban. Libros no tenía, pero sí una gramática que le (*regalar*) ________ Fernando en el aeropuerto. En la primera página (*decir*) ________: “Para Valentina, para que mientras estudies, pienses en mí”. Pero entonces, Valentina todavía no (*decidir*) ________ si seguir con Fernando o no...
La profesora (*hablar*) ________ un castellano muy claro y lento y por eso Valentina (*comprender*) ________ todo lo que (*decir*) ________. Sus primeras clases de español, en cambio, (*ser*) ________ totalmente diferentes: su profesora (*creer*) ________ que se (*aprender*) ________ escribiendo y por eso (*tener*) ________ que escribir todos los días textos larguísimos sobre temas que no le (*interesar*) ________.

B. Busca en el texto los pronombres de objeto directo (Akkusativ) y de objeto indirecto (Dativ) y explica a qué se refieren.

9. Noticias curiosas

A. **Entre las siguientes noticias hay una que es falsa. ¿Sabrías decir cuál es?**

La Urbana de Barcelona denuncia a una persona cada dos días por ir desnuda o semidesnuda

La Guardia Urbana de Barcelona ha denunciado a 37 personas por ir desnudas o semidesnudas por las calles de Barcelona desde que entró en vigor la ordenanza municipal el 29 de mayo de este año, han informado fuentes municipales. [...] Se sanciona a quien se niega a vestirse tras un aviso de la Guardia Urbana: de 300 a 500 euros para los desnudos o "casi desnudos", y de 120 a 300 para los semidesnudos: solo en bañador o "con otra pieza de ropa similar". Las multas son más altas que las aplicadas a un conductor que pasa un semáforo en rojo, aunque no se aplican en las calles contiguas a la playa.

EP. 02.08.2011 - 20 minutos

Crean un papel higiénico exclusivo para la visita del Papa Benedicto XVI a España

La marca de papel higiénico *Renova* ha puesto a la venta una edición exclusiva de este producto para conmemorar la visita de Benedicto XVI a España [...] dentro de dos semanas para la Jornada Mundial de la Juventud (JMJ).

El paquete está conformado por dos rollos de papel higiénico con los colores de la bandera vaticana, amarillo y blanco, de tres capas y con aroma.

En el envoltorio, un estuche [...] diseñado para la ocasión, aparece el mensaje "Yo amo al Papa".

La empresa propone, en su página web, utilizar estos rollos como serpentinas gigantes al paso de Benedicto XVI, aunque no se descarta que pueda ser utilizado para su "uso habitual", ya que la empresa fabricante informa que cada rollo tiene una vida de 140 servicios y el papel está dermatológicamente testado.

EP. 02.08.2011 - 20 minutos

CADA CROMO INCLUYE UNA FICHA POLICIAL RESUMIDA

Una editorial lanza cromos de los delincuentes más buscados

Según el portavoz de prensa de la editorial, la iniciativa busca contentar tanto a los niños como a los padres "porque permite que, a la diversión de siempre, se añada la conciencia ciudadana haciendo que los niños se familiaricen con las caras de violadores, terroristas y atracadores para denunciarles si se los encuentran". Cada cromo incluye un perfil del malhechor con su ficha policial resumida.

Para la realización del álbum se ha contado con la colaboración de la Policía Nacional, partidaria de que "los rostros de los delincuentes más buscados circulen entre la gente". Sin embargo, se han recibido quejas de varias asociaciones de padres y profesores, que temen que los criminales sean vistos como ídolos a imitar.

21.07.2011 - El mundo today

B. **Escribe tu opinión sobre estas noticias, usando los siguientes recursos.**

a mí (no) me gusta que… | (no) es lógico que… | es absurdo que… | es maravilloso que… | es natural que… | es horrible que… | es muy raro que… | es increíble que… | me parece bien / mal que… | …

La Urbana de Barcelona denuncia a una persona cada dos días por ir desnuda o semidesnuda

....

....

....

Crean un papel higiénico exclusivo para la visita del Papa Benedicto XVI a España

....

....

....

Una editorial lanza cromos de los delincuentes más buscados

....

....

....

⚠ Positive oder negative **Meinungsäußerungen** und **Bewertungen** stehen im **Subjuntivo**:
· (No) Es lógico que el Gobierno suba los impuestos.

10. Las líneas de Nazca

CD1 80

Escucha otra vez la entrevista a Arturo Esteban sobre las líneas de Nazca. Escribe frases diciendo si las siguientes informaciones son ciertas o no.

1. Los dibujos están en las Pampas de Jumana, cerca del desierto de Nazca, en el Perú.
   No es cierto que los dibujos estén en las Pampas de Jumana.
2. Los dibujos los hicieron personas de la cultura Nazca.
   (No) Es cierto que ....
3. Los dibujos son profundos y se mantienen a lo largo de los siglos porque la zona en la que se encuentran es de las más secas del mundo.
   (No) Es cierto que ....
4. En su origen, los dibujos eran claramente ofrendas religiosas de alimentos y de animales.
   (No) Es cierto que ....
5. Las líneas de Nazca solo se ven desde lejos, sobre todo desde el aire, a unos 200 metros de altura.
   (No) Es cierto que ....

11. ¿Profesión u objeto?

A. Coloca en la casilla correspondiente estas palabras con sufijo **-era** o **-ero** con su artículo.

billetera · camarero · cenicero · cero · cocinero · banquera · cuero · enero · ensaladera · maletero · obrera · papelera

profesión	objeto	otros
	la billetera	

B. Añade en la tabla la palabra sin el sufijo. ¿Existe en todos los casos?

la billetera ⟶ el billete

C. Contesta a la pregunta con la ayuda de los sufijos del apartado A.

¿Cómo se llama la persona que se ocupa de…

- el jardín? ....
- las cartas? ....
- los enfermos? ....
- los niños? ....
- el reloj? ....
- un viaje? ....
- los zapatos? ....

D. Ahora, escribe una historia utilizando al menos siete palabras con los sufijos **-era** o **-ero**.

....
....
....
....
....
....

NOVELA EN 7 CAPÍTULOS / LOURDES MIQUEL

Entre dos mundos

CAPÍTULO 1 Olvidar, irse

En algún sitio había leído que para superar el dolor de un amor fracasado se tenía que aprender una lengua extranjera o hacer un viaje. Y Elsa acababa de decidir lo segundo.

Unos meses antes, el día que terminó la carrera, también terminó su relación con Eduardo, al que había conocido el primer día de la universidad... Cinco años de relación y, de repente, inesperadamente, Eduardo dijo que no podía seguir, que quería estar solo para pensarse su vida. En la puerta de la Facultad de Arquitectura, Elsa se encontró con las notas finales de su carrera, con su título de licenciada, y con el principio de la vida sin Eduardo.

Durante muchas semanas, Elsa no sintió la alegría de ser la arquitecta que siempre había querido ser, sino que solo pensaba en Eduardo, sufriendo el dolor de la pérdida del gran amor de su juventud y sin lograr imaginar el futuro sin él.

Hasta que una tarde de julio, la llamó su abuela y la invitó a merendar en su casa. Para Elsa, su abuela Mercedes era una de las personas más importantes de su vida. Era una mujer no muy alta, de pelo blanco, muy elegante y tremendamente positiva y optimista, llena de pasión por la vida, dispuesta siempre a disfrutar. Le gustaba comer bien, beber buenos vinos, fumar algún cigarrillo de vez en cuando a escondidas de sus hijos y tomar un vaso de buen güisqui a las ocho en punto de la tarde. Pero lo que más le gustaba en la vida era hablar con sus nietos y reírse. Y nunca hablaba de cosas tristes. Por eso, a sus nietos nunca les había hablado de la Guerra Civil, ni de cómo su familia había estado dividida en los dos bandos de la guerra, ni de su hermano muerto, ni del exilio de parte de los suyos, ni de los problemas que todos tuvieron en la posguerra...

—Así que estás triste porque Eduardo te ha dejado... —le dijo la abuela a Elsa mientras se servía una taza de café y un trozo del pastel de chocolate que había hecho Norma, la chica ecuatoriana que la cuidaba.

—Sí, abuela, tristísima.

—Y eso, angelito —la abuela siempre la llamaba "angelito"— es normal... ¿Pero cuánto va a durar esta tristeza? ¿Vas a desaprovechar todo este tiempo por un hombre? Bueno, no sé si decir un "hombre" o un "muchacho" inmaduro... En fin, ¿vas a desaprovecharlo todo por un tipo inestable e inseguro que no sabe lo que quiere...? Tienes mucha vida por delante, Elsa. Toda la vida por delante. Olvídalo. Hay muchos hombres en el mundo. Viaja. Vete lejos. Conoce mundo. Pon tierra por medio[1]... Y también puedes poner "mar"... ¿No te gustaría estudiar fuera? No sé..., en México, por ejemplo.

¿México? ¿Cómo se le había ocurrido eso a la abuela? La verdad es que Elsa no había pensado en nada parecido, pero al oír la palabra "México" en boca de su abuela, pensó que podía ser un buen sitio para olvidar.

Mientras caminaba por la calle de vuelta a su apartamento, empezó a pensar que estudiar un posgrado ahí podía ser una buena idea. Ya en su casa, desordenada, caótica, sin comida ni bebida por la depresión de los días de antes, Elsa conectó el ordenador, abrió Google, buscó "posgrados en México" y consiguió un montón de páginas web para consultar. "Internet, maravilloso internet", dijo en voz alta.

---

[1] La expresión "poner tierra por medio" significa alejarse al máximo de algo o de alguien.

Al segundo o tercer *link* llegó a la sección de posgrados de la Universidad Nacional Autónoma de México (UNAM) y allí encontró lo que estaba buscando: una maestría[2] en arquitectura con una serie de créditos para realizar en cuatro semestres... "Dos años es un tiempo razonable", pensó Elsa, "ni mucho ni poco. Suficiente para olvidar y suficiente para no desconectarme demasiado de mi entorno".

Pedían una nota mínima de 8 en la licenciatura y ella tenía un 9,5. "Bien, la cosa va bien", pensó.

Mientras miraba toda la información del posgrado, se empezó a ilusionar con la idea: "Sí, poner mar por medio, como dice la abuela, poner todo un océano, descubrir otro país, otra cultura, aprender...". Y, entonces, le pareció increíble no haberlo pensado antes.

Los días siguientes los pasó preparando toda la documentación para presentar su petición de ingreso en el Programa de Posgrado de la Universidad Nacional Autónoma de México. Normalmente a Elsa le molestaba terriblemente la burocracia pero, en este caso, pidió certificados, actualizó su currículum vitae, fue al juzgado a pedir su acta de nacimiento y se informó de todos los trámites para su estancia legal en México, sin protestar, sin molestarse, todo con gran alegría e ilusión.

Cuando ya tuvo reunidos los papeles, los mandó y pidió una entrevista con el responsable del "campo de conocimiento", como decían en la UNAM, que más le interesaba: arquitectura mexicana colonial. Al cabo de unos veinte días, recibió una carta certificada que ponía:

Distinguida Señora:

Tenemos el gusto de comunicarle que, después de estudiar su documentación, ha sido usted aceptada para realizar una entrevista con el profesor Dr. Juan Emilio Salgado. La esperamos en nuestra facultad el día miércoles 28 de octubre próximo. Si usted es admitida, podrá comenzar el curso en el segundo semestre.

Atentamente,
El coordinador de los Programas de Posgrado

Después de leerla se sintió alegre, alegre como hacía tiempo que no se sentía. Salió a la calle a comprarse una buena guía de México, después fue a una floristería donde compró una docena de rosas y fue directamente a casa de su abuela:

—Sabía que iban a llamarte, angelito. Tenían que llamarte. Ya verás cómo lo mejor está por llegar. Y si te dan la plaza en México, igual me animo y te hago una visitita... Nunca es tarde, ¿verdad? Anda, ponme un güisquicito...

Esa era la abuela que a ella le gustaba, la abuela que le daba cariño y alegría, la abuela que le enseñaba que la tristeza no la llevaba a ninguna parte. Eduardo empezó a alejarse de su cabeza.

[2] En España se llama máster, en algunos países de Hispanoamérica, maestría.

10

La felicidad

B1

1. Estrategias

Completa las frases con estos conectores y con la forma correcta de los verbos.

para | para que

1. Isabel tiene una niña que empieza a caminar. Todo el día tiene que estar muy atenta .... no .... (*caerse*), no .... (*poner*) las manos donde no debe ponerlas, no .... (*comerse*) las plantas, no .... (*tomarse*) el detergente…
2. .... (*ser*) feliz hay que aprender a ver las cosas negativas desde diferentes puntos de vista y pensar que son momentáneas.
3. .... no .... (*perder*) tiempo vamos a hacer lo siguiente: mientras tú vas al supermercado, yo limpio la casa. Y .... la cena .... (*estar*) lista a las ocho, vamos a llamar a Sebastián, ... nos .... (*ayudar*) a poner la mesa.
4. Te presento a Pilar; está de Erasmus en mi universidad. Ha venido .... (*aprender*) alemán y escribir su tesis. ¿Por qué no le muestras la facultad? Y .... (*saber*) dónde hay buen ambiente, llévala a tomar un café y a dar un paseo por la ciudad. ¿De acuerdo?
5. A Carlos le encanta bailar el tango. Le he traído un DVD de Buenos Aires .... (*tener*) una idea de cómo lo bailan allí y .... se lo .... (*mostrar*) a sus amigas. No es fácil bailar el tango bien y .... (*bailarlo*) hay que practicar mucho.

⚠ Haben Haupt- und Nebensatz in Finalsätzen dasselbe Subjekt, gebrauchen wir **para** + Infinitiv.

2. Problemas familiares

Lee este texto. Se trata de un conflicto familiar producido por la actividad política de la hija, que lucha contra la dictadura franquista en España. Completa las frases con alguno de estos conectores temporales.

hasta (que) | después de (que) | antes de (que)

.... llegar a casa, la madre discute con su hija porque esta ha llegado tarde o ha dormido en otro lado. En opinión de la madre y la abuela, la hija era una chica normal .... empezó la universidad. Desde ese momento cambió; ya no es la misma. La chica está en una situación complicada, pero la madre no quiere saber nada de lo que está pasando y prefiere esperar .... llegue el padre para solucionar el problema. La chica trata de explicarle a su madre que tiene que esconderse .... sea demasiado tarde y que no puede esperar .... hablar con su padre. .... escuchar muchas preguntas, la chica finalmente cuenta que tiene problemas con la policía. .... enterarse de la verdad, la madre y la abuela tienen que empezar a cambiar la imagen que tenían de la chica.

3. ¡Excusas!

Completa estas frases con una justificación y agrega una justificación más.

1. ■ ¿Por qué no has hecho los deberes, Miguelito?

   encontrarse mal y tener fiebre | **caerse la leche encima de la libreta**

   □ *Es que ayer tuve fiebre y, además, se me cayó la leche encima de la libreta...*

2. ■ ¿Qué le pasa a tu novia? ¿Está de mal humor? **no gustar el regalo** | **ya tener el libro**

   □ ....

3. ■ ¿Por qué te has quedado en casa sola? **tener mucho que hacer** | **querer ver una película en la tele**

   □ ....

4. ■ ¿Y si esta noche salimos? **quedar con Susana** | **ser su cumpleaños**

   □ ....

5. ■ Te invito a cenar al "Rocinante". Tienen una carne excelente. **ser vegetariano** | **hacer dieta**

   □ ....

Sich entschuldigen:
- es que… y, además,…
- porque… y también…
- lo siento, es que…

4. Causas y consecuencias

A. **Une las frases con estos conectores.**

1. No teníamos ganas de cocinar y, además, la nevera estaba vacía,
2. Los padres de Juan Carlos le mandan queso y jamón del pueblo
3. Elena no pudo adaptarse al estilo de vida francés,
4. A Alberto le han dado la beca
5. Aquí tienes todos los formularios que necesitas para la beca,
6. Yo siempre quise estudiar en el extranjero,

así que | **porque** | **por**

a. creo que es imprescindible para formarse intelectualmente y como persona.
b. sus brillantes resultados académicos, aunque la gente piense otra cosa.
c. solo falta que te decidas, los rellenes y los mandes.
d. volvió a Lugo después de unos meses. De todas formas, no se arrepiente de haberlo intentado.
e. decidimos pedir pizza por teléfono. Por una vez…
f. estudia en Salzburgo desde hace poco y todavía no se ha adaptado a la comida austríaca.

B. **¿Puedes usar el conector como causal en alguna de las frases anteriores? Vuélvelas a escribir haciendo las transformaciones necesarias.**

5. Definir la felicidad

Comenta las frases utilizando los recursos del recuadro lateral u otros que conozcas. Pon atención al verbo.

La felicidad consiste en tener salud y mala memoria.

La felicidad está en tener dinero y no tener que pensar en él.

Solo sabemos lo que es la felicidad cuando se ha ido.

La manera de conseguir la felicidad es haciendo felices a las personas que queremos.

La felicidad consiste en no conocer la envidia.

La felicidad y el deseo no pueden ir juntos.

El 40% de la felicidad depende de los genes.

- Pero para mí… + Indikativ
- Yo **no** creo que… + Subjuntivo
- A mí **no** me parece que… + Subj.
- **No** es verdad que… + Subj.
- Yo **no** estoy seguro/-a de que… + Subj.

- Mucha gente cree que… + Ind.
- Es cierto / posible que…+ Ind.
- A veces se dice que… + Ind.

Para algunas personas la felicidad está en tener salud, pero yo no creo que sea lo único que hace falta…

6. Reacciones

- Me alegra que… + Subj.
- Me parece fenomenal / absurdo… + que… + Subj.
- (No) me gusta / molesta que… + Subj.
- (No) me importa que… + Subj.
- Me da igual que… + Subj.
- Es una lástima / pena que… + Subj.
- Siento mucho que…+ Subj.

Completa las reacciones a estas noticias. Puedes usar los recursos del recuadro lateral.

1. ● ¿Sabes qué? Lena tiene un coche nuevo.
   ○ ...., realmente lo necesitaba.
2. ● La chica francesa de mi clase quería venir a la fiesta, pero está enferma.
   ○ ...., quizás el fin de semana se sienta mejor y venga.
3. ● La próxima semana hay clase el sábado.
   ○ A mí ...., es el único día de la semana que puedo hacer un poco de deporte.
4. ● Javier y Paula vienen a vernos este fin de semana y se quedan a dormir en casa.
   ○ ...., pero tienen que saber que estoy preparando exámenes y no tengo mucho tiempo para salir.
5. ● El ordenador no funciona y el técnico está de vacaciones en Canarias.
   ○ ¡ .... o en las Seychelles! Lo único que quiero es que alguien venga a arreglármelo.

7. Noticias de la prensa

A. Lee estas noticias y clasifícalas en la tabla.

1 El príncipe Enrique de Inglaterra ha dejado a su novia, la modelo Florence Brudenell-Bruce, porque no quiere ataduras sentimentales y ahora prefiere concentrarse en su formación militar.

2 Más de un millar de vecinos de Lloret de Mar[1] exigen que se tomen medidas para acabar con el turismo de borrachera que tan mala imagen da a la ciudad.

[1] Población muy turística de la Costa Brava (España)

3 Los mares de Europa, destruidos por la contaminación y la sobrepesca. Cada día se extraen 25 000 toneladas de pescado en aguas europeas y se realizan unos 275 vertidos[2] ilegales.

[2] Residuos industriales contaminantes

4 La directora del Fondo Monetario Internacional se enfrenta a hasta 10 años de cárcel por un supuesto trato de favor.

(1) (2) 20 Minutos, 16.08.11 / (3) 20 Minutos, 04.06.09 / (4) El Mundo, 16.08.11

me alegra	me molesta	me da igual	me da pena

B. **Escoge una de estas noticias y escribe un comentario breve con tu opinión. Fíjate en los consejos para escribir un texo argumentativo.**

Schreibst du einen ausführlichen oder kurzen argumentativen Text, dann gehe folgendermaßen vor:
- Nenne das Thema und äußere deine Meinung dazu.
- Nenne deine Argumente und verbinde sie miteinander.
- Ziehe daraus eine Schlussfolgerung.

Konnektoren können dazu dienen, eine Meinungsäußerung, Argumente und die Schlussfolgerung einzuführen.

8. El mundo al revés

A. **Estas son frases inspiradas en el libro *Patas arriba. La escuela del mundo al revés,* del escritor uruguayo Eduardo Galeano. Complétalas con la forma adecuada del verbo.**

Había una vez un país donde los economistas (*llamar*) ______ nivel de vida al nivel de consumo, y calidad de vida a la cantidad de cosas. El gobierno (*estar*) ______ en guerra contra los pobres y no contra la pobreza. Una parte del mundo (*morirse*) ______ de hambre y otra (*morirse*) ______ de indigestión, es decir, (*comer*) ______ más de lo necesario y (*enfermarse*) ______.
Se (*tratar*) ______ a las niñas y niños de la calle como basura, porque (*haber*) ______ niñas o niños en la calle. La educación (*ser*) ______ un privilegio, porque una parte de ese mundo solo (*conocer*) ______ los privilegios.
Y a la Iglesia, católica o protestante, le (*dar*) ______ igual, solo (*tener*) ______ diez mandamientos. Faltaba uno: "Amar a la naturaleza, de la que somos parte".

B. **¿Crees que estas frases se corresponden con la realidad? Explica por qué.**

C. **Alguien ha vuelto a escribir este texto. ¿Qué forma verbal necesitas ahora?**

Soñemos con un mundo donde los economistas no (*llamar*) ______ nivel de vida al nivel de consumo, ni calidad de vida a la cantidad de cosas. Un mundo donde nadie (*morirse*) ______ de hambre, porque nadie va a morir de indigestión. Donde las niñas y niños de la calle no (*ser*) ______ tratados como basura, porque las niñas y niños de la calle no existen. Un mundo donde la educación no (*ser*) ______ el privilegio de quienes (*poder*) ______ pagarla. Donde la Iglesia también (*tener*) ______ otro mandamiento, del que nos hemos olvidado: "Amar a la naturaleza, de la que somos parte". Un mundo donde las mujeres y los hombres (*ser*) ______ seres humanos y no solo recursos humanos.

9. Filosofando

CD1 81-83

A. Escucha de nuevo a estas personas que hablan sobre la felicidad y define a cada uno de ellos usando estos adjetivos y expresiones.

soñador/-a | humilde | tranquilo/-a | ambicioso/-a | triunfar en la vida | analítico/-a | sabio/-a | optimista | sociable | familiar | estable | tradicional | planes de futuro | salud | dinero | vida sencilla | pareja | relaciones interpersonales

· Marta es...
· Marta piensa que...

B. Aquí tienes una transcripción de lo que dicen. ¿Entiendes las palabras destacadas? Piensa una definición y escríbela.

Marta

Pues para mí, la felicidad es pasarlo bien con mis amigos. No quiero vivir como mis padres, pagando toda la vida la **hipoteca** de la casa, los **plazos del coche**, del ordenador, pensando en la **jubilación**... o en la **residencia** de la abuelita. Claro que necesitas dinero, pero no mucho: para comer, para vestirte, pero no para consumir como lo vemos todos los días en la tele...

Luis

Bueno... si me preguntas hoy, para mí la felicidad es terminar mi carrera, con todo el estrés de los exámenes, los fines de semana encerrado en casa estudiando y sin tiempo para hacer nada interesante. Supongo que, en general, la felicidad es eso que llamamos triunfar en la vida, tener una familia, dinero, viajar... También una pareja estable es importante para ser feliz: tener objetivos comunes, hacer planes juntos, la **ternura** y la **comprensión** de otra persona...

Ernesto

La felicidad de las personas no depende siempre de tener buena o mala salud, de estar sano o enfermo. Debemos aprender desde la **infancia** que nuestras acciones tienen consecuencias buenas o malas. Saber qué hacemos bien o mal influye en la forma de ver la vida y cómo nos relacionamos con los demás. El optimismo se aprende y esto significa que podemos no solo reducir el pesimismo y la depresión, sino desarrollar el optimismo, el **bienestar** y la felicidad.
Es importante que nos alimentemos bien, hagamos un poco de ejercicio físico y durmamos lo suficiente. Hay que aprender a ver las cosas negativas desde diferentes puntos de vista y pensar que son **momentáneas**. Es fundamental que las personas establezcan redes sociales: la amistad, la familia, los grupos deportivos y los hobbies son muy importantes. **Incorpora** situaciones gratificantes en tu vida cotidiana.

C. Busca ahora las palabras en el diccionario. ¿Se parecen a lo que habías pensado?

10. Un caso de estrés

Carlos tiene un problema y ha escrito un mensaje a un consultorio psicológico online. Léelo y contéstale con los consejos que te parezcan adecuados.

"Casi todos los problemas tienen solución"

Escribo porque estoy muy preocupado, casi deprimido, es algo que nunca me había sucedido y no lo entiendo. Me miro al espejo y pienso: "Este no soy yo". Tengo una mujer y unos hijos maravillosos, y una casa que es un sueño. Soy una persona ambiciosa: siempre me ha gustado trabajar, superarme y conseguir nuevos objetivos. Ocupo un puesto de responsabilidad en una gran empresa donde incluso la competencia entre compañeros es muy dura. Trabajo más de 10 horas diarias y en los fines de semana y en las vacaciones leo y respondo correos y hago llamadas. Nunca dejo de pensar en mi empresa, pero estoy convencido de que todo lo que hago es imprescindible para estar a la altura de mis superiores y para seguir avanzando en mi carrera profesional. Pero ahora hace un tiempo que por la mañana me levanto muy cansado, tengo problemas de concentración y temo que mis compañeros se enteren. Me doy cuenta de que ya no veo a mis hijos, solo nos comunicamos con el ordenador. Mi mujer solo escucha mis problemas de trabajo, y tengo tantas preocupaciones que si me habla de otras cosas me veo incapaz de prestarle atención. Ya no pienso en divertirme, tampoco soy capaz de relajarme, siempre estoy muy cansado o de mal humor, y cualquier asunto me crea preocupaciones porque nunca tengo ni un momento para nada. ¿Qué puedo hacer? No quiero cambiar mi vida, pero siento que ya no la controlo… Muchas gracias por vuestras respuestas.

- Es mejor que...
- Es conveniente que...
- Es fundamental que...
- Si te preocupa..., tal vez puedes...
- Quizás debas...
- A lo mejor es una buena idea...
- ¿Por qué no...?
- ¿Qué te parece si...?

11. Es un decir…

A. **Relaciona las dos columnas para obtener expresiones sobre estados de ánimo muy frecuentes en español.**

Estar herido en…	… con bola.
No dar pie…	… mala época.
Estar de capa…	… lo más alto.
Tener un día…	… alegría.
Pasar una…	… un sueño.
Hacer realidad…	… de perros.
Llegar a…	… el orgullo.
Dar saltos de…	… caída.
Venirse…	… abajo.

(Estar herido en… → … el orgullo.)

Um zu erfahren, welche Wörter häufig miteinander kombiniert werden und was diese Kombinationen oder Ausdrücke bedeuten, kannst du im Internet nachforschen oder ein spezielles Wörterbuch (**diccionario combinatorio**) benutzen. Denke daran, dass man die Bedeutung von Wortkombinationen manchmal nicht versteht, wenn man von der Bedeutung der einzelnen Wörter ausgeht.

B. **¿Sabes qué significan estas expresiones? Clasifícalas en esta tabla y averigua su significado (lee la estrategia de arriba).**

estado de ánimo positivo	estado de ánimo negativo

C. **Piensa una situación adecuada para usar cada una de ellas y escribe una frase que exprese lo mismo o algo parecido.**

D. **¿Conoces más expresiones similares en español?**

CAPÍTULO 2 Embarcarse, volar

Después de muchos días preparando la entrevista y el viaje, Elsa, rodeada de su maleta, el ordenador y una mochila llena de cosas para soportar el largo vuelo, recibió un SMS que le anunciaba la llegada del taxi para ir al aeropuerto.

Estaba nerviosa. Alguien dijo que viajar y enamorarse eran lo mismo: una promesa y un peligro. Durante los días anteriores, Elsa solo había pensado en la promesa: un nuevo país, nuevas costumbres, comidas distintas, disfrutar de lo diferente... Pero, desde hacía unas horas, solo pensaba en los peligros: alejarse de lo suyo, de sus conocidos, de sus rutinas. "¿Por qué tengo siempre este miedo antes de los viajes?", se preguntó. "Miedo a los viajes, miedo a los exámenes... ¡Qué desastre!". Se propuso pensar con claridad: estaba segura de que, una vez en el avión, todos los miedos iban a desaparecer. O, al menos, el miedo a viajar.

Había sacado su tarjeta de embarque por internet y había conseguido un buen asiento: ventanilla y en las primeras filas del avión. Al dejar su mochila en el suelo del avión, se le cayó el neceser, se abrió y se rompió un espejo pequeñito que llevaba... "¡Oh, no!", pensó atemorizada. "Un espejo roto son siete años de mala suerte... Esto no está empezando nada bien". Elsa sabía que eso era irracional, que no estaba basado en nada objetivo, que era una simple superstición, pero, a veces, no podía impedir sentir ese miedo, que, en el fondo, le daba mucha vergüenza.

Intentó tranquilizarse, pero entonces descubrió que era martes.[3] "¡Dios mío, qué día! Embarcando en martes... Espejo roto, viaje en martes... Tengo que distraerme", pensó mientras se tocaba el anillo que le había regalado su abuela cuando cumplió dieciocho años, que era de su tatarabuela, y que, desde entonces, Elsa llevaba siempre como un amuleto.

—Hola —le dijo sonriendo un chico muy guapo, alto, atlético y con mirada inteligente, mientras se sentaba en el asiento junto al suyo.

—Hola —le dijo Elsa mientras pensaba: "Sí, creo que voy a distraerme y no precisamente con el iPod... Quizá no está empezando tan mal...".

En cuanto el avión despegó, a Elsa, como siempre, se le pasaron todos los males y decidió que le encantaba estar en las nubes[4]. Durante la primera parte del viaje hizo *sudokus*, crucigramas, escuchó sus canciones preferidas, leyó algunos capítulos de una novela que se llamaba *Entre dos mundos* y que trataba sobre una mujer que cambia de vida por amor. "Muy adecuada para mí", pensó. Y, después, muerta de cansancio por la tensión y las idas y venidas de los días anteriores, se durmió profundamente. Apenas habló con su estupendo compañero de viaje porque él dormía cuando ella estaba despierta y estaba despierto cuando ella dormía. Pero lo miraba a menudo y se admiraba de lo mucho que le gustaba.

Se despertó con la metálica voz de la azafata que anunciaba el inmediato aterrizaje en Ciudad de México: "Dentro de unos minutos llegaremos al Aeropuerto Internacional de la Ciudad de México, Benito Juárez. Rogamos desconecten sus aparatos electrónicos, pongan sus asientos en posición vertical y su mesa plegada y se abrochen los cinturones de seguridad".

Elsa miró por la ventanilla: ya estaban sobrevolando la Ciudad de México y así estuvieron veinticinco minutos más. Le pareció una ciudad interminable, infinita.

"Y allí estaré yo estos días, como una hormiguita insignificante, decidiendo mi vida para los próximos años", estaba pensando Elsa cuando su guapísimo compañero de viaje le preguntó:

---

[3] Hay un refrán español que dice: "13 y martes, ni te cases ni te embarques". Para los españoles, y también para otros muchos hispanoamericanos, el martes es el día de la mala suerte. El origen de esta creencia está en que el martes es el día de Marte, dios romano de la guerra. El peor día, en las supersticiones españolas, es el martes y 13.

[4] "Estar en las nubes" significa, también, estar distraído, ausente de lo que está pasando en la realidad.

—¿A qué vas a México?

—Voy en busca de la felicidad —le contestó Elsa y enseguida pensó que parecía muy cursi y que tal vez lo era, pero se parecía a la verdad. Para ella, en ese momento de su vida, olvidar a Eduardo, borrarlo de su vida, y empezar una vida nueva, llena de sorpresas, era lo más parecido a la felicidad.

Su compañero no le dijo nada más. Era difícil decir algo después de la frase de Elsa. La miró intensamente y le sonrió. Elsa sintió un escalofrío.

Aterrizaron, recogió su maleta, que llegó sin problemas, y tomó un taxi al hotel, que estaba relativamente cerca del campus de la UNAM[5]. Durante el trayecto, Elsa contemplaba el paisaje de la ciudad lleno de grandes avenidas repletas de coches y de sonidos de claxon. Una vez en el hotel, se instaló en su habitación, que resultó ser tranquila y cómoda, y empezó a pensar en el día siguiente: "No sé si es una buena idea tener una entrevista, que, en el fondo, es más, mucho más que un examen, un día después de un viaje tan largo y con *jetlag*...".

Puso todas las alarmas posibles para asegurarse de que iba a despertarse con tiempo suficiente para llegar relajada a la entrevista y se acostó. Antes de dormirse pensó un momento en su familia y se preguntó por qué su abuela Mercedes le había propuesto México con esa tremenda seguridad y determinación.

Cuando se despertó, tenía una extraña sensación en el cuerpo: se sentía desorientada, con poca energía, y no sabía si tenía sueño, hambre o estaba medio enferma... Desayunó mucho y le gustó todo lo que probó, sobre todo la fruta, tan distinta a la española, tan jugosa y sabrosa...

Después tomó un taxi y llegó al campus, que le pareció muy agradable, lleno de edificios rodeados de inmensos y fantásticos árboles, lleno de flores y de espacios para caminar. "Un oasis donde poder respirar en esta ciudad", pensó.

Entró en la Facultad de Arquitectura y se dirigió a la tercera planta, al cubículo[6] 40, tal como le dijeron en el mostrador de información, ya que en la carta que le habían mandado no decían dónde era la entrevista. En la tercera planta había una serie de administrativos:

—Buenos días. Busco al profesor Salgado, tengo una entrevista con él.

—Tome asiento. En un ratito[7] viene el profesor.

Elsa se preparó para esperar bastante tiempo, pero enseguida se dio cuenta de que "rato" no significaba lo mismo que en España porque, dos minutos después, salió el profesor Salgado a recibirla:

—¿Elsa Esteve? Ya puede pasar.

Elsa se levantó, cogió su cartera con la documentación y el portátil y pensó como Julio César: "La suerte está echada". Su bioritmo no parecía estar alterado en ese momento.

---

[5] Siglas de Universidad Nacional Autónoma de México.

[6] En México se utiliza la palabra "cubículo", en España "despacho".

[7] En España "un rato" significa un espacio de tiempo algo prolongado. En estas situaciones, en español peninsular se diría "enseguida", "en unos minutos", pero nunca se usaría la palabra "rato".

Piensa globalmente, actúa localmente

B1

1. Hablemos del futuro

A. Completa estos textos en los que se hacen predicciones sobre el futuro.

1. Marlene va de Erasmus a Barcelona y su amiga Simone, que la conoce bien, imagina lo que va a hacer.

Seguro que antes ______ (*comprar*) un buen mapa de la ciudad. ______ (*buscar*) alojamiento en un piso compartido, porque así todo ______ (*ser*) más barato y divertido. ______ (*ponerse*) en contacto con su tutora o tutor y así ______ (*saber*) a qué cursos debe ir. También ______ (*conseguir*) un pase estudiantil para moverse por la ciudad con comodidad y sin gastar demasiado dinero.

2. La Asociación para el Turismo Ecológico hace una predicción sobre el turismo en el que creen, el turismo del futuro.

Los turistas del futuro ______ (*ser*) personas que no solo ______ (*disfrutar*), sino también ______ (*cuidar*) la naturaleza. ______ (*pasar*) sus vacaciones en lugares ricos en diversidad cultural. ______ (*viajar*) para conocer otros lugares, otra gente y nuevas costumbres. Está claro que también ______ (*buscar*) sol y playas, pero ______ (*interesarse*) también por el paisaje, las comidas típicas y el arte de la región.

B. Ahora escribe tú un texto sobre los mercados o supermercados del futuro usando estas ideas.

reciclaje | reutilización | productos locales

residuos | productos importados

productos ecológicos | productos con componentes artificiales

- Seguro que…
- Estoy seguro/-a de que…
- Quizá…
- Probablemente…
- No hay duda de que…

2. Buenos consejos

A. En las frases siguientes se presentan unos problemas y unos consejos para resolverlos. ¿Qué formas verbales necesitas? Complétalas.

1. Si .... (*tú, querer*) hablar gratis, ... (*bajarse*) un programa que se llama Skype.
2. Si tú .... (*necesitar*) un vídeo para tus clases, ... (*buscarlo*) en YouTube.
3. Si no .... (*vosotras, querer*) perder documentos, ... (*almacenarlos*) en el disco duro.
4. Si en tus textos .... (*haber*) muchas faltas de ortografía, ... (*instalar*) un buen programa de corrección.
5. Si tú .... (*necesitar*) un sinónimo de una palabra, ... (*buscarla*) en el procesador de textos.
6. Si vosotros no .... (*saber*) el significado de una palabra, ... (*consultar*) la edición digital del diccionario de la Real Academia de la Lengua Española.
7. Si no .... (*usted, poder*) entrar en internet, ... (*revisar*) la conexión.
8. Si .... (*vosotros, pasar*) muchas horas trabajando frente a la pantalla del ordenador, ... (*descansar*) un poco cada dos o tres horas y .... (*caminar*) por la habitación o .... (*salir*) a dar un paseo.

B. Ahora une los elementos de las cajas para obtener otro tipo de consejos en los que se plantea una situación y sus consecuencias. Escríbelos en frases.

	estudiar	examen	aprobar
	ahorrar	hambre	comer algo de la nevera
si	entender	inglés	ver muchas películas en versión original
	tener	suficiente dinero	cocinar para la cena
	comprar	pescado fresco	comprar un coche

....

....

....

....

....

....

....

....

3. Condiciones para un caradura

Dolores tiene problemas con su hijo. Lee lo que le ocurre y termina las cinco condiciones que le pone para mejorar la situación.

Tomás tiene treinta años y no quiere irse de casa. Todavía no ha terminado la carrera y no tiene la menor intención de trabajar. Como él dice, le gusta tomárselo con calma. Dolores está desesperada, porque además de no pagar nada, no colabora en las tareas domésticas.

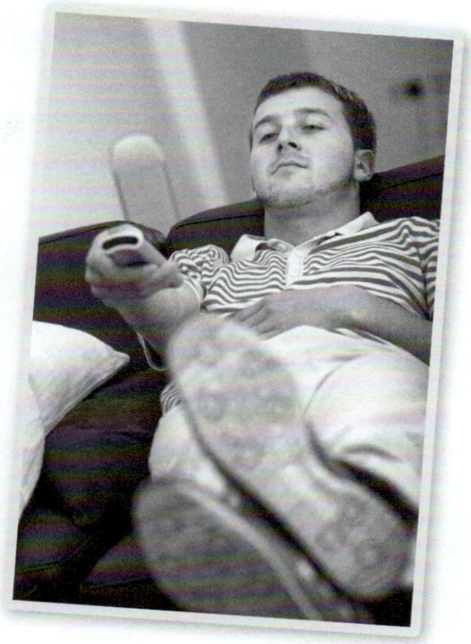

1. Si no empiezas a buscar trabajo, ...
2. Si vives en esta casa, ...
3. Si comes y cenas con nosotros, ...
4. Si quieres que te lave la ropa, ...
5. Si mañana no limpias el cuarto de baño, ...

4. ¿Y tú qué harías?

- Yo en ese caso… + Konditional
- Quizás… + Konditional
- A lo mejor… + Konditional
- Seguramente… + Konditional
- Supongo que… + Konditional

Imagina que te encuentras en estas situaciones. ¿Qué harías?

1. Encuentras una cartera con 300 euros y documentos personales, estás a fin de mes y necesitas dinero.

   Quizás iría a ....

   ....

   ....

2. Vas por la calle y te para la televisión nacional para hacerte una entrevista sobre las rebajas de verano.

   ....

   ....

   ....

3. Son las once de la noche, estás cocinando y te falta un ingrediente.

   ....

   ....

   ....

4. Tus vecinos tienen tres hijos que hacen mucho ruido y los fines de semana organizan grandes fiestas.

   ....

   ....

   ....

5. Las hipótesis de una vecina

A. **Los estudiantes Erasmus tienen una vecina muy curiosa. Lee lo que piensa mientras mira por la ventana y completa con las formas verbales adecuadas.**

¿Qué pasará en la casa de los Erasmus? ¿Estará llegando otra persona al piso? Seguro que ______ (*hacer*) aún más ruido. ¿Qué ______ (*estar*) haciendo ese taxi? Hace media hora que está allí y no se va. Y esos dos chicos, ¿qué ______ (*estar*) esperando? ¡Oh, ahora sale Alessandra con una maleta! ¿ ______ (*ser*) amigos de ella? Alessandra ______ (*querer*) cambiarse de casa otra vez. ¿ ______ (*tener*) algún problema con los demás? ¡Pobre, es tan buena chica!...

B. **Escribe ahora cómo, al día siguiente, la vecina de los Erasmus le cuenta lo que vio a una amiga. ¡Recuerda que casi todo lo que puede contar son hipótesis!**

Ay, Antonia, anoche ocurrió algo muy raro. No recuerdo muy bien la hora. Serían más o menos las once cuando vi ______

C. **Ahora vas a elaborar tus propias hipótesis siguiendo este esquema.**

situación	hipótesis sobre el presente	hipótesis sobre el pasado
Juan no ha venido a clase.	Estará enfermo en su casa.	Ayer saldría hasta muy tarde por la noche.
David está hablando con Susana y parece preocupado.		
	Estará celebrándolo con sus amigos.	
		Iría al cine a verla y le gustaría.
		Tendría ganas de caminar.
Carmen y Teresa no se hablan.		
Félix está buscando un piso de alquiler.		

⚠ Benutze das **Futur**, um eine Vermutung über die Gegenwart und das **Konditional**, um eine Vermutung über die Vergangenheit anzustellen.

6. Un futuro probable

A. Rellena esta ficha con datos sobre tu vida actual.

Nombre:
Edad:
Lugar de residencia:
Ocupación profesional / Estudios:
Estado civil / Pareja:
Tipo de vivienda y con quién la compartes:
Actividades más frecuentes aparte del trabajo o los estudios:
Sueños, ilusiones:

B. ¿Qué cosas haces ahora que no hacías hace diez años?

....
....
....

· hace… años (todavía)…
· ahora ya no…

C. Ahora escribe cómo será tu vida dentro de diez años. Menciona los aspectos de la ficha.

....
....
....

7. Se buscan voluntarios

¿Recuerdas las organizaciones de la actividad 9 del Libro del alumno? ¿Con cuál te gustaría colaborar? Revisa sus anuncios y escríbeles un correo electrónico solicitando participar en su proyecto.

EnergíaLimpia

Sociedad Bio Iguana

AMIGOS DE LAS COMUNIDADES ANDINAS

MAR AZUL

SOCIEDAD INTERNACIONAL DE SIDA

Estructura de una carta formal:
- dirigirse a la persona destinataria. Si no se conoce su nombre, usar **Estimados señores y señoras**.
- explicar objetivo
- presentarse
- explicar motivos para participar en el proyecto
- detallar documentos que se adjuntan
- dar las gracias y despedirse

8. ¿Un consumo más razonable?

A. **Lee el título de este artículo. ¿Sabes lo que es una cooperativa? ¿Existen este tipo de comercios en tu país? ¿Qué te interesa saber de este tema? Lee luego el texto.**

Las cooperativas de comida ecológica viven "un boom"

2500 familias catalanas se autoorganizan para rechazar la industrialización de la producción, distribución y consumo alimentario.

Un grupo de personas cada vez mayor mantiene una discreta rebelión contra el actual sistema industrial de cultivo, distribución y consumo alimentario. En Cataluña, cerca de 2500 familias han optado por autoorganizarse en cooperativas para asegurarse de que toda la comida que ingieren es ecológica, cumple con unos requisitos éticos y de sostenibilidad y conserva intactos todos sus sabores naturales.

Actualmente hay entre 40 y 50 de estas cooperativas en Cataluña, pero en los últimos cinco años el fenómeno vive "un boom" que les hace crecer a un ritmo de cien familias al año, según cuenta Oriol Martí, de la asociación Ecoconsum, que integra a 20 de estas agrupaciones.

Las cooperativas acostumbran a tener un límite de 50 núcleos familiares para asegurarse de que mantienen un tamaño acorde con el espíritu que las impulsa: todo el mundo trabaja y nadie cobra. De esta forma se consigue que entre el productor y el consumidor no haya ni un solo intermediario y que la comida ecológica mantenga un precio similar al de los alimentos que se cultivan y venden de forma industrial, explica Javier Fernández, de la cooperativa Cydonia del Poble Nou barcelonés. [...]

Las motivaciones de las personas que optan por alimentarse en cooperativas tienen que ver con la salud, el medio ambiente y la ética social, cuenta Martí. [...] El fenómeno de las cooperativas es más fuerte en las ciudades grandes y medianas que en el resto de poblaciones, ya que en las poblaciones próximas a áreas rurales es más fácil conseguir directamente y de forma individual este tipo de productos. Otro de los criterios basado en la sostenibilidad sobre el que se rigen las cooperativas es el de proximidad: a ser posible, siempre es preferible que el producto proceda de la comunidad donde uno vive, para ahorrar desplazamientos innecesarios y favorecer los vínculos sociales.

Joel Albarrán Bugié, 21.02.2009, www.lavanguardia.com

B. **Vuelve a leer el texto para comprender las razones, los fines y las consecuencias de los hechos y acciones que se describen. Subraya la información que explica:**

a. por qué se elige una forma determinada de alimentación
b. cómo se consigue producir alimentos a precios moderados

C. **Escribe un resumen del texto y tu valoración sobre el fenómeno que se describe.**

"Boom" de las cooperativas de comida ecológica

9. La industria del papel

CD2 2-3

Escucha de nuevo la entrevista sobre la industria del papel y escribe con tus propias palabras un resumen de los siguientes puntos de la entrevista.

Por qué hay papeleras en Argentina:

Por qué la asociación se enfrenta a la instalación de una nueva papelera:

Por qué son peligrosas:

Por qué son malas para la economía:

10. Los problemas del futuro

A. Estos son problemas que ya existen en el mundo y que posiblemente existirán en el futuro. ¿Se te ocurren otros que tengan la misma importancia? Añádelos.

- la desertización
- la superpoblación
- las guerras
- la contaminación
- la falta de recursos naturales
- la falta de agua
- la crisis económica
- las catástrofes naturales
- los accidentes nucleares
- los conflictos culturales
- ...

B. Explica con tus propias palabras qué son estos fenómenos.

Desertización: ....

Superpoblación: ....

Catástrofe: ....

Conflicto: ....

Crisis: ....

Wörter zu erklären ist eine gute Übung, um deinen Wortschatz zu erweitern. Es hilft auch dabei, Wörter zu umschreiben, die du auf Spanisch noch nicht kennst. Benutze für die Erklärungen Synonyme und Relativpronomen.

C. Escoge cinco de estos problemas y escribe una frase sobre cada uno con tus hipótesis de futuro.

....

....

....

....

....

D. Escribe tus propuestas para solucionar estos cinco problemas.

- Se podría/n...
- Se debería/n...
- Habría que...
- Deberíamos...
- Sería bueno / deseable...
- La solución sería...

....

....

....

....

....

NOVELA EN 7 CAPÍTULOS / LOURDES MIQUEL

CAPÍTULO 3 Entrevistarse, dejarse llevar

La entrevista se realizó con dos profesores, Esther Rosa Gordillo y Juan Emilio Salgado, y fue bastante larga y agradable. Los profesores hicieron lo esperado: comentaron su currículum, analizaron los estudios que había realizado, las prácticas que había hecho en la facultad y en un estudio de arquitectos de Barcelona, revisaron los certificados que tenía y hablaron de planes de futuro..., pero también fueron cálidos y acogedores.

—¿Por qué le interesa este postgrado? —le preguntaron casi al final de la entrevista.

Elsa pensó: "Para olvidar al cretino de mi ex novio", pero eso no podía decírselo. O sea que les dijo:

—Bueno, es una cuestión fundamentalmente estética. La arquitectura mexicana colonial me parece hermosa y muy racional. Y me encantaría poder aplicar algunos de sus principios en la construcción de chalés modernos. Y, además, me interesa estudiar las casas de Coyoacán[8], más modernas, pero que ya integran aspectos de esa arquitectura.

—¿Cómo imagina usted la arquitectura del futuro? —le preguntó la profesora Gordillo.

—Bueno, no soy adivina, pero estoy convencida de que las casas tendrán que ser ecológicas y sostenibles. Y, además, tendremos que crear núcleos urbanos más pequeños, más humanos y vivibles, con todos los servicios necesarios para no tener que desplazarse de punta a punta de la ciudad como ahora. Habrá que volver a la idea de barrio totalmente autosuficiente.

—Ojalá sea así... Bueno, pues eso es todo. ¿Cuándo regresa a España?

—El próximo domingo.

—Como sabe, ahora tenemos que entrevistar a otros aspirantes. Dentro de unas cinco semanas, a finales del mes que viene, le daremos una respuesta.

—Estupendo. Muchas gracias.

—Ah, y un consejo si me permite... Pasee mucho por Coyoacán estos días y, si puede, dese una escapada[9] a Puebla para ver arquitectura colonial. Y, así, se va ambientando.

Eso a Elsa le sonó como un buen presagio, casi como la certeza de que lo había hecho bien. Salió contenta y relajada. Y, por primera vez desde que había llegado, tuvo la sensación de estar de vacaciones. México: todo para ella. Le quedaban casi cinco días en México y decidió disfrutarlos intensamente. Fue a ver el edificio de la Rectoría para contemplar el mural de Siqueiros[10]. Mientras lo estaba mirando pasó un grupo de estudiantes. Uno de los chicos la miró y le dijo:

—Chao, Elsa.

Elsa se quedó mirándolo, pero no lo conocía. Lo volvió a mirar, pero ya estaba lejos para verlo bien. "¿De qué me puede conocer este chico? ¿Y cómo puede saber mi nombre si yo no conozco a nadie aquí?", pensó muy sorprendida. Pero no se atrevió a correr para acercarse al chico. Pensó que, seguramente por el cansancio, la tensión de la entrevista y el desorden horario, lo había entendido mal.

Decidió tomar el metro. Y se fue a Coyoacán.

Le encantaron los dibujos para identificar las estaciones del metro. Cada estación tenía un dibujo distinto, puesto especialmente para la gente que no sabe leer. Le pareció una idea muy inteligente, que nunca había visto en ninguna ciudad.

---

[8] Coyoacán es uno de los barrios más emblemáticos de la Ciudad de México, lleno de vida y color. Allí se puede encontrar la Casa Museo de Frida Kahlo y numerosas casas unifamiliares.

[9] En el español de México se utiliza "darse una escapada" mientras que en el español de España se utiliza "hacer una escapada".

[10] David Alfaro Siqueiros (1898-1974). Pintor mexicano, figura máxima, junto a Diego Rivera y José Clemente Orozco, del arte mural mexicano.

Pasó el resto de la mañana paseando por Coyoacán y se quedó maravillada de los colores y de la vida de ese barrio, que le pareció casi un pueblo aparte, distinto totalmente al resto de la ciudad. O, al menos, al resto que había visto en el taxi de ayer y en el de la mañana desde el hotel. Vio todo lo que pudo: la Casa Colorada de La Malinche, la casa de Diego Ordaz, la Casa Municipal[11] y una serie de casas privadas llenas de color y con patios interiores, imposibles de ver desde fuera, repletos de árboles y plantas. Estuvo un rato en el Jardín Hidalgo contemplando la vida del barrio. Después se dio una vuelta por el mercado y decidió que tenía que pasar una mañana exclusivamente en ese mercado para mirar la comida, tan distinta a la española, aprenderse los nombres, fotografiarlo todo...

Tenía hambre y decidió sentarse en una pequeña taquería[12] en una plaza cerca del Museo de Frida Kahlo. Y allí, cómodamente, se sentó a comer.

—Estos tacos que están comiendo esos señores de allá, ¿son muy picantes?

—No, mi reina —le dijo el camarero—. No pican. Estos son muy ligeritos[13].

Así descubrió una de las mentiras que dicen los mexicanos: Elsa casi se muere al probarlos. Con lágrimas en los ojos y toda la boca ardiendo, sin poder respirar, bebió y bebió agua mientras los mexicanos de alrededor se reían de ella. La verdad es que picaba, pero era delicioso. Y poco a poco se fue acostumbrando al sabor.

Después de beberse dos litros de agua para superar el ardor del picante y de tomarse dos cafés para superar el sueño y el cansancio, se tomó un helado en una nevería[14] y fue al Museo de Frida Kahlo[15], esa magnífica casa de un azul intenso y vital. Le gustaron muchísimo los cuadros, pero lo que más le impresionó fue la casa: las habitaciones, la decoración, el jardín integrado en el interior, los árboles... y se imaginó a ella misma viviendo en esa casa de audaces colores. “Este tipo de casas son las que yo quiero construir en el futuro”.

A la salida del museo, se sentó un rato en un banco en una placita con un jardín centenario. Al cabo de un poco se le acercó una niña morena, muy guapa, que no tendría más de diez años y le preguntó si podía leerle la mano. Elsa aceptó pensando que le diría lo típico: que se casaría y que tendría muchos hijos. Pero la niñita le dijo otras cosas:

—Vivirás aquí, en este barrio, dentro de unos meses. Además, encontrarás a alguien muy importante para ti. No, no, no encontrarás a una persona, no. Encontrarás a muchas: una que ya conoces y otras que no conoces de nada. Y descubrirás algo.

Elsa se sorprendió un poco, pensó que a todos los turistas les debía decir lo mismo y le dio unos pesos, seguramente bastantes porque la niña se fue muy contenta.

Pasó un coche por delante del bar y el conductor empezó a tocar el claxon. Era un hombre de unos cuarenta años que sacó medio cuerpo por la ventanilla y dijo:

—Quiúbole[16], Elsa. A ver si nos vienes a ver pronto, que hace mucho que no te vemos.

Elsa se preguntó si los efectos del *jetlag* o el exceso de picante le estaban provocando espejismos.

---

[11] La Casa Colorada, o casa de La Malinche, la mandó construir Hernán Cortés, en la llamada época virreinal (siglo XVII) y es la más antigua del barrio. La casa de Diego Ordaz es del siglo XVIII y tiene la fachada decorada con estilo mudéjar. La Casa Municipal es también del siglo XVIII.

[12] Así se llaman los restaurantes en los que se comen “tacos”, uno de los platos más populares de la comida mexicana. Están hechos de una tortilla de maíz o de trigo en la que se ponen diferentes rellenos y se sirven con variadas salsas. Se suelen comer con la mano, como un bocadillo.

[13] En México usan el adjetivo “ligero” para decir que no es picante. En español peninsular se dice “suave”.

[14] En México se llaman “neverías” a los lugares que venden helados. En España se llaman “heladerías”.

[15] También llamada la Casa Azul. Allí vivió y murió la famosa pintora mexicana (1907-1954). Es su museo desde 1958. La casa es de principios de siglo y su gran colorido recuerda el de la pintura de la artista.

[16] Expresión popular mexicana que, a veces, se emplea como saludo.

¿A qué dedicas el tiempo libre?

B1

1. Perífrasis

A. Reemplaza la parte destacada de la frase por una perífrasis. No puedes repetir ninguna y no las podrás usar todas.

ponerse a + infinitivo | soler + infinitivo | pensar + infinitivo | estar a punto de + infinitivo
dejar de + infinitivo | tener que + infinitivo | hay que + infinitivo | acabar de + infinitivo
volver a + infinitivo | seguir + gerundio | estar + gerundio | ir a + infinitivo

1. Justo ahora ha salido un estudio que explica la relación de los jóvenes con el tiempo libre en los últimos diez años.
2. El tiempo libre es una de las prioridades de los jóvenes: a veces se quedan sin dormir para disfrutar de la noche.
3. Por su situación económica, muchos jóvenes españoles se ven obligados a vivir en casa de sus padres hasta más allá de los 30 años.
4. Muchos adolescentes tienen la costumbre de encerrarse en su habitación y relacionarse con gente desconocida a través de internet.
5. Internet ya casi supera a la televisión en la cantidad de tiempo que le dedica la gente joven.
6. Las actividades culturales todavía son las menos elegidas a la hora de salir los fines de semana.
7. Es necesario tener en cuenta que las actividades de tiempo libre están relacionadas con las posibilidades económicas.

B. Escribe frases con las perífrasis que no has usado.

....

....

....

2. Vamos a empezar

¿Necesitas solo un verbo o una perífrasis? Escoge y completa en cada caso.
Hay varias opciones correctas.

tener que + infinitivo	ir a + infinitivo	estar + gerundio
ponerse a + infinitivo	pensar + infinitivo	volver a + infinitivo

1. Andrea llama por teléfono a Verena porque tiene ganas de salir.

- Hola, Vere, soy Andrea. ¿Qué .... (*hacer*)?
- Pues ahora mismo .... (*estudiar*) para el examen.
- ¿No tienes ganas de dar una vuelta o tomar un café?
- De verdad no puedo, ... (*estudiar*).
- ¡Pero si ya lo .... (*saber*) todo!
- Mejor .... (*quedar*) otro día. Además, ... (*venir*) un amigo para estudiar conmigo.
- Vale, vale… Entonces nos vemos otro día…

2. Tere y Alicia se cuentan sus planes para el puente.

- ¿Qué .... (*hacer*) en el puente de la Constitución?
- Nosotros .... (*ir*) a París.
- Nosotras .... (*viajar*) a Londres. Hay ofertas buenísimas, pero no lo hemos decidido todavía.
- Si .... (*tardar*) demasiado os quedaréis sin billetes. Mucha gente va a Londres para estas fechas…
- Lo sé, lo sé… Pero Mónica .... (*trabajar*) ahora en una nueva empresa y no sabe si le darán vacaciones…

3. Pilar quiere cambiarse de casa, hace mucho tiempo que está buscando.

- ¿Todavía .... (*buscar*) piso?
- Sí… y no .... (*encontrar*) nada que me guste.
- ¿Ya has intentado en la página de "Hogar, dulce hogar"?
- Lo he intentado todo, pero los pisos que me .... (*gustar*) no los puedo pagar.
- ¿Has puesto algún anuncio en internet?
- Sí, ya hace tiempo, pero lo quiero .... (*intentar*) porque creo que ya es demasiado viejo.
- Buena idea. ¡Si .... (*enterarse*) de algo, te lo digo!

3. Acababa de llegar cuando...

A. Relaciona las siguientes frases y completa las formas verbales de la primera columna. ¿Qué tiempo verbal necesitas?

1. El avión ________ (*acabar*) de salir,
2. Como ________ (*ir*) a hacer mal tiempo,
3. ________ (*pensar*) quedarme el fin de semana en casa trabajando.
4. ________ (*estar*) cenando en casa con unos amigos
5. La semana pasada ________ (*ir*) a subir al autobús cuando alguien me robó la billetera.
6. ________ (*ir, ellos*) a pasar el fin de semana en la sierra,
7. ¿No ________ (*pensar, vosotros*) estudiar un año en Costa Rica?
8. Ángel ________ (*pensar*) quedarse a vivir en Barcelona,
9. Susana ________ (*acabar*) de llegar a Madrid con una beca Erasmus

a. Sin embargo, cambié de idea cuando me llamó Pedro para invitarme a su casa de la playa.

b. cuando escuchamos unos gritos. Salimos a ver qué pasaba y eran unos chicos que salían del bar.

c. pero como Paco se enfermó, tuvieron que quedarse en casa.

d. Al principio sí. Pero no nos dieron la beca. Entonces cambiamos de plan y fuimos a Guatemala.

e. El problema fue que no le dieron un contrato de trabajo y tuvo que volver a Montevideo.

f. decidimos no salir de picnic e ir a ver una exposición que acaban de poner en el museo.

g. pero tuvo que volver al aeropuerto porque había un problema con un motor.

h. cuando se dio cuenta de que la habitación que había alquilado no estaba en La Moncloa, sino cerca de Barajas.

i. Bajé y corrí a por él. Pero fue más rápido que yo. Encontraron la billetera, pero estaba vacía.

Trage alle Verbal-periphrasen in eine Tabelle ein, dazu die Übersetzung und jeweils einen Beispiel-satz.

B. Subraya todas las perífrasis verbales que encuentres en las frases del apartado anterior.

4. ¿Qué dice Alberto?

Alberto deja un mensaje en el contestador de Eva, su novia. Escribe cómo se lo cuenta Eva a su amiga en el momento de escuchar el mensaje.

Hola, Eva, lo siento, pero hoy no podré ir al teatro. Resulta que ha aparecido el jefe a última hora y tengo que terminar un informe urgentísimo para mañana, ¡uf! Dile a Elisa que me perdone, que la llamaré para vernos el fin de semana, ¿vale? Bueno, un beso, hasta luego.

- EVA: Voy a llamar a Alberto para ver cómo quedamos, ¿vale? (Escucha un mensaje en el contestador y cuelga.)
- ELISA: Entonces, ¿qué dice Alberto?
- EVA: Pues dice que ....

....

....

(ALBERTO): No <u>podré</u> ir al teatro.
(EVA): Alberto **dice** que no <u>podrá</u> ir al teatro.
Gegenwart

5. Experiencias en el extranjero

A. Observa el ejemplo y marca todo lo que ha cambiado y se ha añadido.

Juan Carlos desde Eslovenia.

Me llamo Juan Carlos. He venido con una beca Erasmus. Estoy bastante contento. Las clases me gustan mucho. Todavía no me he acostumbrado a la comida. ¿Tú qué haces en Aarhus? ¿Ya conoces a mucha gente?

Luis a una amiga.

Me contó que se llamaba Juan Carlos y había venido con una beca Erasmus. Comentó que estaba bastante contento y que las clases le gustaban mucho. Añadió que todavía no se había acostumbrado a la comida y me preguntó qué hacía en Aarhus y si conocía ya a mucha gente.

(ALBERTO): No <u>podré</u> ir al teatro.
(EVA): Alberto **dijo** que no <u>podría</u> ir al teatro.
Vergangenheit

B. **Estas personas están en el extranjero y te cuentan sus experiencias. Transmíteselas a otra persona haciendo los cambios necesarios propios del estilo indirecto, incluyendo los cambios verbales.**

1. Nuria desde Holanda.

Si hay algo que me admira es que aquí todo el mundo habla inglés, alemán o español. Los holandeses tienen gran facilidad para los idiomas. Vivo en una residencia de estudiantes que parece Babel. Estoy muy contenta, aunque echo de menos a mi gente. Sé que de aquí me llevaré una experiencia para contarla toda la vida.

Nuria me dijo que...

2. José Manuel desde Salzburgo.

¡Vosotros no sois los únicos que sentís frío! Estoy en Salzburgo con una temperatura de tres grados bajo cero de máxima, así que la mínima no os la digo. Respecto al precio de las cosas, esta es la ciudad más cara de toda Europa. Todavía no me he acostumbrado a la comida. No hay nada como el jamón, los churros, el queso y el chorizo español.

José Manuel contó que...

3. Susana desde el norte de Francia.

Para mí, la estancia en el extranjero ha sido bastante difícil. He ido al norte de Francia, y me ha resultado bastante difícil hacer amistades; nadie tiene tiempo... Además, no he conseguido adaptarme al clima de esta región, que es bastante duro. De todas formas, no me arrepiento de nada de lo que hecho hasta ahora: creo que me servirá para aprender y para enfrentarme a otras situaciones duras en el futuro.

Susana afirmaba que...

C. **Ahora completa esta tabla con la relación entre tiempos verbales en el estilo indirecto en pasado. Corrige, si es necesario, el apartado anterior.**

tiempos verbales en estilo indirecto en pasado	
estilo directo	estilo indirecto
presente →	

6. ¿Te apetece salir?

CD2 16-18

A. Escucha otra vez a las tres personas que van a un congreso en Madrid hablando de sus gustos. ¿Con quién saldrías durante un fin de semana?

B. Escríbele un correo electrónico y proponle algunas cosas para hacer juntos en Madrid. Si quieres, puedes volver a escuchar el programa de Radio Ocio.

7. La montaña

A. Lee el siguiente microrrelato de Virgilio Piñera e imagina un final para el texto.

La montaña tiene mil metros de altura. He decidido comérmela poco a poco. Es una montaña como todas las montañas: vegetación, piedras, tierra, animales y hasta seres humanos que suben y bajan por sus laderas.

Todas las mañanas me echo boca abajo sobre ella y empiezo a masticar lo primero que me sale al paso. Así me estoy varias horas. Vuelvo a casa con el cuerpo molido y con las mandíbulas deshechas. Después de un breve descanso me siento en el portal a mirarla en la azulada lejanía.

Si yo dijera estas cosas al vecino, de seguro que reiría a carcajadas o me tomaría por loco. Pero yo, que sé lo que me traigo entre manos, veo muy bien que ella pierde redondez y altura. Entonces hablarán de trastornos geológicos.

He ahí mi tragedia:

Virgilio Piñera, "La Montaña", Cuentos Completos, Editorial Letras Cubanas.

B. Lee el final del microrrelato. ¿De qué crees que está hablando este cuento?

...ninguno querrá admitir que he sido yo el devorador de la montaña de mil metros de altura.

8. Fósforos en el bolsillo

A. El siguiente microrrelato es de Julio Cortázar. Léelo y observa cómo encadena las ideas marcadas.

Un cronopio va a abrir la puerta de calle, y al meter la mano en el bolsillo para sacar la **llave** lo que saca es una **caja de fósforos**, entonces este cronopio se aflige mucho y empieza a pensar que si en vez de la llave encuentra los fósforos, sería horrible que el mundo se hubiera desplazado de golpe, y a lo mejor si los fósforos están donde la llave, puede suceder que encuentre la **billetera** llena de **fósforos**, y la **azucarera** llena de **dinero**, y el **piano** lleno de **azúcar**, y la **guía del teléfono** llena de **música**, y el **ropero** lleno de **abonados**, y la **cama** llena de **trajes**, y los **floreros** llenos de **sábanas**, y los **tranvías** llenos de **rosas**, y los **campos** llenos de **tranvías**. Así es que este cronopio se aflige horriblemente y corre a mirarse al espejo, pero como el espejo está algo ladeado, lo que ve es el paragüero del zaguán, y sus presunciones se confirman y estalla en sollozos, cae de rodillas y junta sus manecitas no sabe para qué. Los famas vecinos acuden a consolarlo, y también las esperanzas, pero pasan horas antes de que el cronopio salga de su desesperación y acepte una taza de té, que mira y examina mucho antes de beber, no vaya a pasar que en vez de una taza de té sea un hormiguero o un libro de Samuel Smiles.

Julio Cortázar, "La foto salió movida", Historias de cronopios y de famas.

B. Entonces, si en una caja de fósforos tiene que haber fósforos... Relaciona cada contenedor con su contenido.

llave | caja de fósforos | billetera | fósforos | azucarera | dinero | piano | azúcar | guía del teléfono | música | ropero | abonados | cama | trajes | florero | sábanas | dientes | rosas | llavero | boca

C. Lee esta reseña de *Historias de cronopios y famas*. Según el relato que has leído antes, ¿cómo crees que son los cronopios en este libro?

Historias de cronopios y de famas (1962) es un peculiar e inclasificable libro de relatos y ensayos poéticos estructurado en cuatro partes ("Manual de instrucciones", "Ocupaciones raras", "Material plástico" e "Historias de cronopios y de famas"). Los personajes de estos relatos, clasificados en tres "especies" (los cronopios, las famas y las esperanzas), simbolizan distintas actitudes frente a la vida. Julio Cortázar desenmascara en esta obra el lado absurdo del orden, de la rutina y del aburrimiento y propone un antídoto hecho a base de imaginación, de sentido del humor y de surrealismo.

D. Escribe una reseña de un libro que te haya gustado. No olvides poner al menos los siguientes elementos.

- Título del libro, autor y año de primera edición
- Género de la obra (novela, poesía, ensayo, relatos...)
- Comentario sobre el argumento o contenido
- Valoración personal

9. Instrucciones para...

A. Escribe en cinco pasos las instrucciones para hacer una de estas actividades.

Subir hasta lo alto del Everest.

- ...
- ...
- ...
- ...
- ...

Ser presidente de tu país.

- ...
- ...
- ...
- ...
- ...

Abrir una lata de atún.

- ...
- ...
- ...
- ...
- ...

Freír un huevo.

- ...
- ...
- ...
- ...
- ...

Ganar un Oscar.

- ...
- ...
- ...
- ...
- ...

B. Escoge una de estas actividades y escribe las instrucciones en un texto utilizando conectores para organizar el discurso.

- Se ponen...
- Coger un...
- Abre la tapa...

...

...

...

10. Formas de decir: "decir"

A. Aquí tienes una lista de verbos que se pueden utilizar en lugar del verbo **decir**. Colócalos donde creas conveniente. Puede haber más de una opción correcta.

declarar | confesar | responder | pedir | explicar | preguntar | opinar | desvelar | pensar | afirmar | comentar

Bernard me ha dicho que está enamorado de Susana, pero que aún no le ha dicho lo que siente por ella. Está esperando el momento oportuno para decirle si quiere salir con él. Me ha dicho si me parece una buena idea proponerle un plan sencillo como ir al cine. Yo le he dicho que sí, que es una buena idea, y que espero que todo le salga bien. ¿Y tú qué dices?
Espero que este secreto que te acabo de decir no se lo digas a nadie. ¡No me gustaría que Bernard dijera que no se puede confiar en mí!

B. Escribe una frase con cada una de las palabras que te han sobrado.

CAPÍTULO 4 Disfrutar, sorprenderse

El 29 de octubre amaneció con sol y con buena temperatura. Elsa no había dormido bien entre el cambio horario, los nervios de la entrevista y la altura, que le daba un poco de dolor de cabeza. Pero cuando se despertó y vio el maravilloso día que hacía, decidió ir al Museo Nacional de Antropología[17] y aprovechar para pasear por el bosque de Chapultepec.

Antes de entrar, admiró la arquitectura del edificio, pero ya en el museo se quedó fascinada por la organización y por la cantidad de salas que podían visitarse. Decidió entrar en la sala de los toltecas, entre otras cosas porque le encantaban los nombres: Chichimeca, Teotenango, Xochitécatl... Al cabo de un buen rato, ya en la sala de los mexicas[19], llegó a la impresionante y monumental Piedra del Sol[20]. Mientras la estaba mirando, alguien le tocó el hombro y le dijo:

—¿Qué tal la felicidad? ¿Ya la has encontrado?

Elsa pensó que era una alucinación. Otra más. Pero al darse vuelta, vio que allí estaba su compañero de avión: ese hombre guapísimo con el que apenas había intercambiado unas frases. Y allí, en medio de las momias y los protectores dioses y diosas de los toltecas, aztecas, mexicas, mayas y demás civilizaciones, empezaron a hablar.

Él le explicó que era antropólogo, español, pero de origen mexicano, que estaba haciendo la tesis doctoral sobre los instrumentos y herramientas que utilizaban los mexicas. También le contó que pasaba largas temporadas en México para hacer el trabajo de campo y que luego volvía a España para escribir con calma los capítulos de la tesis. Y Elsa le explicó sus planes de estudiar la maestría y su entrevista del día anterior.

—¿Y qué te parece si, en lugar de hablar aquí, entre tantos dioses que nos vigilan, vamos al bosque y tomamos algo cerca del lago? —le propuso el chico.

—Perfecto. Encantada. Pero antes de hacer algo juntos, estaría bien saber cómo nos llamamos, ¿no? Yo me llamo Elsa.

—¿Elsa? ¡Qué nombre tan bonito! ¿Por qué te lo pusieron?

Y Elsa le contó que a su abuela le encantaba la ópera y, especialmente, Wagner, y que, cuando ella nació, fue su madrina y eligió el nombre de Elsa porque era la protagonista femenina de Lohengrin y porque, además, empezaba por "e" igual que sus apellidos.

—¡Qué interesante! Pero suerte que no te puso Isolda.

—Muy gracioso... Bueno, ¿y cómo te llamas tú? —le preguntó Elsa.

—Eduardo.

Se quedó sin respiración."¡Oh, no! Otro Eduardo en mi vida, noooooooooo". Pero, tuvo buenos reflejos, sonrió y no hizo ningún comentario. Un nombre no significaba nada. O eso suponía.

Después de almorzar en un lujoso restaurante junto al lago, se despidieron:

—Tengo que seguir trabajando en el museo para acabar de estudiar y de fotografiar algunas piezas. ¿Quieres que nos veamos esta noche?

Elsa aceptó y Eduardo le dijo que la recogería en el hotel.

---

[17] Considerado el mejor museo de antropología del mundo.

[18] Civilización surgida en la ciudad de Tula, en el año 950. Hay una leyenda que los describe como una tribu que viene del norte, conducida por un rey llamado Miscoatl.

[19] Civilización que parece que procedía de una parte de los aztecas y que fundaron la ciudad de Tenochtitlan o México, que ahora es la Ciudad de México.

[20] La Piedra del Sol es una escultura que ilustra el calendario azteca, compuesto por meses de 20 días. Tiene jeroglíficos y símbolos del sol, como rayos y piedras preciosas.

Por la tarde, Elsa siguió paseando por la ciudad. Fue a visitar la catedral y el Zócalo[21] y se dio cuenta de que toda la ciudad se estaba preparando para la gran fiesta del día 2, el Día de los Muertos[22]. Había un mercadillo al aire libre especial para eso, lleno de calaveritas de azúcar con el nombre de la gente, de esqueletos vestidos de cualquier cosa, de ataúdes, de papeles recortados de todos los colores... Todo preparado para hacer ofrendas a sus muertos y para reírse de la muerte. Mientras estaba delante de la catedral pensando, como buena arquitecta, que el edificio iba a durar poco tiempo si no lo restauraban urgentemente, pasó una moto a toda velocidad y desde la moto el conductor le dijo:

—Bye[23], Elsa. Gusto en verte.

Lo había oído bien. Le habían dicho su nombre. Y empezó a correr detrás de la moto, pero no la alcanzó. Empezó a pensar que, cuando volviera a casa, tendría que pedir cita con el psicólogo. En la esquina se tomó el primer tequila del día.

A las ocho de la noche, Eduardo llegó al hotel y tomaron un taxi para ir a la Plaza Garibaldi[24].

—Te va a encantar. Es algo único. No te lo puedes perder.

Y lo era. La plaza estaba rodeada de enormes cantinas, con gente cenando y tomando todo tipo de bebidas alcohólicas. Pero, sobre todo, estaba llena de grupos de mariachis, con sus brillantes trajes y enormes sombreros, que, por unos cuantos pesos, cantaban las canciones que les pedía el público.

—¿Cuál es tu canción preferida? —le preguntó Eduardo, dándole otro tequila.

—"Volver".

Y unos segundos después, Elsa y Eduardo tenían delante a cinco mariachis que, solo para ellos dos, tocaban y cantaban:

"Y volver, volver, vooooooolver... a tus brazos otra vez..." . Siguieron las canciones y los tequilas y cuando Eduardo la sacó a bailar, Elsa se sintió muy bien entre los brazos de su Moctezuma[25] particular. Y todavía se sintió mejor cuando se besaron suavemente mientras los mariachis cantaban: *"Me gustas mucho. Me gustas mucho tú. Tarde o temprano seré tuya, mío tú serás"*.

En el taxi de vuelta al hotel Elsa no dijo nada y estuvo pensando si se sentía o no preparada para una nueva relación. Decidió que era demasiado pronto y, por eso, al llegar a la puerta del hotel, se despidió rápida y fríamente:

—Gracias por todo, Eduardo. Lo he pasado muy bien.

Cuando subió a su habitación del hotel, se puso a pensar que igual había sido un poco antipática con él, pero no sabía cómo conciliar sus ganas de ligar con él y su miedo a empezar otra relación. Encima de la cama había un sobre. Lo abrió y vio una nota que ponía:

> *Elsa:*
> *Por casualidad he visto que estás en este hotel y no sé por qué. Tenemos que hablar. Es realmente urgente.*
> *Mateo*

No esperó ni un segundo y marcó el número del móvil[26] de Eduardo.

---

[21] Es la principal plaza de la ciudad, en realidad llamada Plaza de la Constitución, aunque todo el mundo la llama Zócalo. Es una de las plazas más grandes del mundo.

[22] El Día de los Muertos es una de las fiestas más importantes de México, que se celebra el 2 de noviembre. Días antes se venden todo tipo de productos relacionados con la muerte para crear altares y ofrendas en casa. El día 1 se cree que los niños muertos regresan, la noche del 1 al 2 se suele estar en los cementerios, y el 2 se cree que vuelven las almas de los adultos fallecidos para estar con sus seres queridos.

[23] "Bye" es un término del inglés que, sin embargo, se utiliza en algunos países del continente americano entre jóvenes para despedirse. En México, con más frecuencia, puesto que hay más influencia del inglés.

[24] Plaza muy popular en el centro de la Ciudad de México donde, de noche, se reúnen grupos de mariachis para ser contratados para cantar allí mismo o para ir a alguna celebración. La plaza está rodeada de cantinas y restaurantes.

[25] Rey mexica, desde 1502 hasta 1520, que consiguió el máximo esplendor de su civilización.

[26] Excepto en España, en el resto de países de habla española se utiliza la palabra "celular".

13

El amor es ciego

B1+

1. Elige un pronombre

A. Elige uno de los pronombres para unir las frases de este relato.

Esto es algo quien / que me contaron hace mucho tiempo, donde / cuando vivía en Suiza, que / donde tenía un amigo cuya / que familia tenía un restaurante que / quien tenía mucho éxito. El restaurante, que / cuya especialidad era el pulpo a la gallega, estaba abierto desde los años 60, que / cuando el padre de mi amigo llegó a Suiza para trabajar. Allí entró como camarero en un hotel de Berna, y al cabo de dos años ya abrió un pequeño restaurante quien / donde se ofrecía comida española y, en especial, de Galicia, de que / donde era ese hombre.

El restaurante tuvo un éxito enorme, porque allí iban muchos inmigrantes españoles quien / que habían llegado a ese país hacía poco tiempo y tenían ganas de encontrarse con otros españoles y de saborear la comida de su país, al que / quien tanto echaban de menos. Pero muchos de ellos, quien / que siempre se acordaban de su pueblo, que / adonde pensaban volver, encontraron novias en Suiza, con cuyas / quienes se casaron y tuvieron hijos. Mi amigo era uno de esos hijos...

B. Escribe un final para la historia.

2. Morriña

A. **¿Sabes qué significa el término morriña? Infórmate en internet o búscalo en un diccionario.**

B. **El siguiente texto explica la situación de una persona que tiene morriña. Complétalo con estos pronombres de relativo en la forma adecuada.**

adonde | donde | cuyo | que

Juan, ________ padres se llaman Juan y Juana, vino a vivir a Barcelona en 2010 desde Buenos Aires, de ________ nunca tuvo que haber salido, según sus propias palabras. Juan vive ________ antes vivían sus abuelos y va cada día a trabajar al bar "Antic", que es el bar ________ voy yo a leer. Allí lo conocí hace ya unos meses. El camarero jefe, ________ me lo presentó entonces, me dijo que Juan era un tipo peculiar. Echaba de menos su ciudad natal, ________ bares, según decía siempre Juan, tenían esa atmósfera especial de la capital argentina, de una bohemia auténtica y, lo que es más importante, ¡a unos precios más bajos!

3. Relativos

A. **Une estas frases transformándolas en oraciones de relativo explicativas. Añade comas si corresponde.**

1. Los mexicanos y mexicanas sin pareja gastaron un promedio anual de 1100 dólares en citas para encontrar a su media naranja. Los mexicanos y mexicanas sin pareja constituyen aproximadamente una quinta parte de la población del país.

2. Según una encuesta elaborada por Match.com, el 67% de los hombres afirma que en el futuro se ve casado y con hijos. Match.com es una prestigiosa agencia de contactos.

3. La institución de la familia ha experimentado cambios a lo largo de la historia. La institución de la familia ha dejado de ser algo sagrado e indestructible.

4. Cristina Peri Rossi es poeta, narradora y traductora. Cristina Peri Rossi nació en Uruguay en 1941 y se trasladó a España en 1972.

B. Une estas frases transformándolas en oraciones de relativo especificativas. Añade comas si corresponde.

1. Al volverse vio a un chico guapísimo. Ese chico le ofrecía un chicle.

....

....

....

2. Una encuesta de Match.com trata sobre el valor de la familia. Según la encuesta elaborada por Match.com, el 67% de los hombres afirma que en el futuro se ve casado y con hijos.

....

....

....

3. Conocí a una familia de ingleses el año pasado. La familia de ingleses va a volver a alquilar la casa de los Rodríguez este verano.

....

....

....

4. Alguien en quien confiar

Transforma las frases poniendo la forma correcta de quien. Subraya las palabras que desaparecen en la nueva frase.

1. Si tienes un amigo en el que confiar, tienes una de las cosas más importantes de la vida.
   Si tienes un amigo en quien confiar, tienes una de las cosas más importantes de la vida.
2. Dicen que los estudiantes holandeses son los que aprenden lenguas más fácilmente.
   ....
3. Hay personas para las que hacer un examen es un problema.
   ....
4. El chico del que te hablé para trabajar en la película es un músico húngaro.
   ....
5. Las protagonistas de la historia son unas niñas a las que les pasan muchas cosas interesantes.
   ....
6. A las personas que quieran estudiar en América Latina, les recomiendo esta guía.
   ....
7. Los que prefieran hacer el trabajo escrito en lugar del examen, deben pasar por mi despacho.
   ....

So wie adverbiale Ausdrücke (*este*, *aquí*...), Konnektoren und Personalpronomen, dienen **Relativpronomen** dazu, einen Text sinnvoll zu strukturieren bzw. Verbindungen herzustellen. Vergiss sie also nicht, denn jetzt weißt du, wie sie gebraucht werden.

5. ¡Así no hay quien lo entienda!

A. Observa las diferencias entre el primer y el segundo párrafo. Subraya, en el segundo, las palabras que sirven para no repetir palabras que ya se han dicho.

A la mamá de Silvia no le gusta Javier. Silvia está saliendo con Javier. Javier no le gusta a la mamá de Silvia porque estudia Literatura. Con la carrera de Literatura nunca podrá ganar dinero. Esto a Silvia no le preocupa nada en este momento.

A la mamá de Silvia no le gusta Javier, el chico con el que está saliendo ella, porque estudia Literatura, una carrera con la que nunca podrá ganar dinero, lo que a Silvia no le preocupa nada en este momento.

B. Une las frases con pronombres relativos. Haz los cambios necesarios para que la frase esté bien cohesionada y se entienda mejor.

1. Una amiga mía tiene un novio africano. Mi amiga conoció a su novio en Marrakech. Mi amiga estuvo en Marrakech de vacaciones. Marrakech es una ciudad. La ciudad le encantó.

   ....

2. Me preparé para el examen. El examen era demasiado difícil. El examen contenía preguntas. No pude contestar las preguntas del examen.

   ....

3. Anoche, en una fiesta, me encontré con un chico. Yo había ido a la escuela con ese chico. El chico está casado con una pintora italiana. Los padres de la pintora italiana me conocen.

   ....

Reziproke Pronomen und **Reflexivpronomen** haben dieselben Formen. Achte auf den Zusammenhang und dann erkennst du, ob das Subjekt die Handlung an sich selbst ausführt (Reflexivpronomen), oder ob zwei oder mehr Subjekte die Handlung am anderen ausführen.

6. ¿Recíprocos o reflexivos?

A. ¿Quién realiza la acción sobre quién en estas frases? Márcalo con flechas como en el ejemplo y di si los verbos son reflexivos o recíprocos.

1. Mi abuela es muy mayor, pero todavía se viste y se peina sola. (*reflexivos*)
2. Andrés y Maren se escriben cartas de amor. (*recíproco*)
3. Juan y Marzia se despiertan a la misma hora.
4. Mi marido y yo nos despertamos con un beso todas las mañanas.
5. Por las mañanas, Susana viste primero a sus hijos y después, mientras ellos desayunan, se viste ella.
6. Javier y Alessandra están enamorados: se besan, se acarician y se abrazan todo el día.
7. En las vacaciones Ana y Tomás se bañaron en el mar todos los días.

B. **Vuelve a escribir estas situaciones usando pronombres recíprocos.**

1. Los niños besaron a su padre y él también los besó para despedirse.
   Los niños y su padre se besaron para despedirse.
2. Carlos maquilla a Vicky y ella lo peina a él para ir a una fiesta de Carnaval.
   Vicky y Carlos .... para ir a una fiesta de Carnaval.
3. Mi papá conoció a mi mamá hace treinta años; mi mamá lo quiere mucho y él también a ella.
   ....
4. Yo vivo con una chica que estudia en otra ciudad. Solo la veo los sábados y domingos.
   ....

7. Problemas sentimentales

A. **Gabriel ha escrito a una revista de autoayuda y crecimiento personal. Completa sus frases con las formas verbales adecuadas.**

Queridos amigos:

Hace tiempo que tengo problemas para encontrar pareja. He observado que no conozco a nadie que me .... (*gustar*) y cuando me .... (*gustar*) una persona, siempre pienso que no le voy a gustar. Además, siempre busco una pareja que .... (*parecerse*) a mi familia y cuando .... (*parecerse*) mucho a mi familia, pienso que es gente aburrida. No hay nadie que .... (*estar*) a la altura de mis expectativas y cuando encuentro a alguien que .... (*estar*) a la altura de mis expectativas, me da mucho miedo. Y finalmente, si salgo con alguien que .... (*ser*) agradable, dudo que .... (*ser*) la persona ideal, porque a mí esto no me pasa nunca.

No veo cómo puede cambiar mi situación, les estaré muy agradecido si me pueden ayudar en algo.
Atentamente,

Gabriel

B. **Dale algunos consejos a Gabriel sobre las relaciones.**

Ratschläge:
- Cuando conozcas…
- Intenta (no) pensar…
- Procura que … + Subjuntivo
- Si quieres…, + Imperativ

8. Encuesta sobre la familia

A. Lee este artículo que explica los resultados de una encuesta. ¿Sobre qué temas preguntó el Centro de Investigaciones Sociológicas a los españoles? ¿Cuál de estos temas se trata en el artículo?

Para el 46% de los españoles, la mujer debe renunciar al trabajo antes que el hombre

Casi la mitad de los españoles –el 45,7%– considera que debería ser la mujer la que trabajase menos horas para ocuparse de los hijos y del hogar, frente a un 1,8% que opina que debería hacerlo el hombre, en el supuesto de que uno de los dos miembros de la pareja se viera obligado a tomar esta decisión.

Respuesta 1

Así se desprende del barómetro de septiembre del Centro de Investigaciones Sociológicas (CIS), realizado sobre una muestra de 2500 entrevistas a mayores de 18 años, en el que se recogen las opiniones de los españoles sobre los problemas del país y la familia. Para un 20,9% cualquiera de los miembros de la pareja "indistintamente" podría tomar la decisión de mermar su actividad laboral, mientras que un 10,2% piensa que tendría que hacerlo el que tenga un trabajo peor remunerado.

Cuando se pregunta a los españoles qué modelo de familia es el ideal, un 67,6% manifiesta que es aquella en la que los dos miembros de la pareja tienen un empleo remunerado, con parecida dedicación, y ambos se reparten las tareas del hogar y el cuidado de los hijos, si los hay. Un 14,7% defiende, como ideal, la familia en la que solo trabaja un integrante de la pareja y el otro se encarga del cuidado del hogar y de la eventual prole.

Respuesta 2

El español considera lo más importante de su vida la salud y la familia, por este orden, al puntuarlas con un 9,64 y un 9,54 en una escala del cero al diez, respectivamente. De hecho, el 44% sostiene que la familia es lo más importante en su vida, aunque las relaciones de pareja solo las destaca el 4,7%.

Respuesta 3

www.20minutos.es, 11.10.2010

B. Escribe las preguntas que podría haber hecho el CIS para obtener las respuestas marcadas en el texto.

Pregunta 1: ....

Pregunta 2: ....

Pregunta 3: ....

C. ¿Cómo respondes tú a las preguntas? ¿Estás de acuerdo con las respuestas de la mayoría de los españoles?

9. En otras palabras

A. Lee este poema. ¿De qué tipo de relación habla?

Querer a Irene

Sé que te quiero
porque no sé por qué te quiero. ***El amor***
se inventó en una sala
sin cartabones ni escuadras.

Piensa en cómo disminuye un coche cuando se aleja.
Piensa en cómo te agrandas y te vuelves importante
cuando te alejas.

Cuando tú estás triste
o enferma
a mi corazón
le hace un agujero un gusano de angustia.

Qué paz cuando estás contenta –no ocurre otra cosa cuando lo estás.
Cuando ríes
me parece que las calles son un gato que cierra los ojos y relaja las garras bajo el sol.
Siempre estoy a la espera
de que rías.
Deberías oír tu risa y disfrutarla
como lo hago yo.

Tu risa, ese
pájaro al que le han cosido tu voz.

Iván Legrán, http://ernestomeobligo.blogspot.com, 2011

B. Intenta explicar, con tus propias palabras, lo que quieren decir las metáforas marcadas.

10. Las mil caras del amor

A. Hay tantas maneras de amar como personas en el mundo. Agrupa las siguientes palabras en las columnas. Algunas palabras pueden ir en más de una columna.

pasional · monótona · aburrida · convencional · estable · de película · difícil · con altibajos · temporal · informal · sexual · intermitente · tradicional · duradera · infiel · fiel · abierta · soltera · comprometida · casada · libre · independiente · dependiente · necesitada · romántica · realista

Una persona puede ser / estar...	Una relación puede ser...

CD2 19-21

B. Escucha a estas tres personas que nos explican sus ideas sobre las relaciones sentimentales. ¿Qué adjetivos usarías para definir a las personas y a las relaciones de las que hablan?

C. ¿Cómo eres tú? ¿Cómo te relacionas? Descríbelo usando los adjetivos anteriores u otros que conozcas.

11. Manos que hablan

A. Muchas expresiones y frases hechas contienen la palabra mano. ¿Puedes relacionarlas con los significados de la columna de la derecha?

1. en buenas manos
2. dar/echar una mano
3. tener/con mano dura
4. lavarse las manos
5. echar mano (a alguien o a algo)
6. con la mano en el corazón
7. (tener/con) mano izquierda
8. (estar) mano sobre mano
9. de segunda mano

a. Esto hizo Poncio Pilatos como señal para liberarse de la responsabilidad de condenar a Jesucristo.
b. Capturar a alguien o algo que se mueve.
c. Habilidad para resolver situaciones complicadas.
d. sin hacer nada.
e. Prestar ayuda.
f. Con sinceridad total.
g. Tratar a personas o animales de forma estricta.
h. Usado por otra persona.
i. A cargo de alguien que va a tratar bien a alguien o a hacer un buen uso de algo.

B. Coloca las frases del ejercicio anterior en los espacios siguientes. A veces tendrás que conjugar los verbos o usar con pronombres.

1. Llevas dos días .... ¡A ver si te pones a lavar los platos de una vez! Ya no se puede entrar a la cocina.
2. El examen fue difícil, por eso la profesora nos .... y no puso tan malas notas como nos esperábamos.
3. El gato se escapó de casa, pero conseguí .... en la esquina. ¡Suerte que no cruzó la calle!
4. Tú ya eres mayor y yo no soy quién para decirte cómo debes comportarte; haz lo que te dé la gana; yo ....
5. Para tratar a nuestro jefe hay que tener mucha ...., no basta con hacer bien el trabajo.
6. Como decía siempre mi padre: "A veces hay que tener .... con los niños".
7. Te lo digo ....: nunca quise ofenderte con mis palabras.
8. Por fin hemos encontrado un médico que nos gusta, creo que ahora estamos ....
9. Ernesto se ha comprado un coche ...., ¡espero que no se arrepienta!

NOVELA EN 7 CAPÍTULOS / LOURDES MIQUEL

CAPÍTULO 5 Viajar, enamorarse

Otra noche sin dormir. Pero esta vez realmente preocupada e inquieta por saber qué estaba pasando exactamente, por qué la conocían algunas personas que ella no conocía, y por qué otras la buscaban...

Y también preocupada, muy preocupada, porque reconocía los síntomas de una enfermedad peligrosísima, llamada "enamoramiento". Hacía tiempo que no la sentía, pero cuando se descubrió mirando el reloj para ver cuántas horas tardaría en volver a ver a Eduardo, cuando vio que miraba continuamente el móvil para ver si había un SMS o una llamada suya, cuando se dio cuenta de que solo pensaba en ese hombre, perfecto desconocido, que la atraía totalmente, tuvo que aceptar que tenía todos los síntomas de esa enfermedad casi mortal.

Cuando la noche anterior llamó a Eduardo, no le explicó lo desconcertada que estaba con la nota que había recibido y cuyo contenido seguía siendo un misterio para ella, sino que se excusó por haber estado un poco seca al despedirse y le dijo que tenía ganas de verlo hoy. Eduardo le dijo que tenía que trabajar toda la mañana, pero que intentaría cambiarlo. A las nueve de la mañana sonó el móvil y era Eduardo:

—Ponte unos zapatos cómodos, que nos vamos de viaje. ¿Te apetece[27]?

—¿No me vas a decir dónde vamos?

—¿No me vas a dejar darte una sorpresa?

Sí, Elsa reconocía todos los síntomas: auténtico coqueteo.

A las nueve y media en punto, en la puerta del hotel, estaba Eduardo con un coche bastante antiguo y destartalado.

—Es de un amigo que me lo ha prestado. Creo que podrá llevarnos a nuestro destino. ¿Te atreves a subir? Nos vamos a dar una vuelta por el Sol y por la Luna.

—Caramba. Suena misterioso y prometedor.

Sí, Elsa reconocía todos los síntomas también en él. Y se acordó de lo que había pensado en el avión cuando lo vio por primera vez, porque hoy el viaje tampoco estaba empezando mal, nada mal.

El coche no prometía nada bueno, pero, sin embargo, consiguió recorrer los cincuenta kilómetros que separan la Ciudad de México de Teotihuacán[28]. Durante el viaje Eduardo le explicó la historia de la ciudad, de la que Elsa sabía algunas cosas que había leído en la guía.

Cuando llegaron, Elsa se quedó admirada no solo del encanto de las pirámides, sino también del color de la tierra que las rodea.

—Mira, te propongo algo mágico: vamos a intentar subir a la Pirámide del Sol para llegar a la cima justo al mediodía —le dijo Eduardo—. Espero que no tengas vértigo.

"Cuando uno está ligando no se cuentan las miserias", pensó Elsa, que tenía bastante vértigo, pero que estaba dispuesta a aguantárselo. Antes de subir, tomaron una bebida de planta de magüey que, según Eduardo, daba mucha energía.

Empezaron a subir escalón tras escalón mientras Eduardo le contaba los misterios de la civilización teotihuacana.

—Piensa que los nombres que conocemos se los pusieron los aztecas, que es una cultura muy posterior y distinta a aquella. Para los aztecas esto era un lugar sagrado y le pusieron este nombre, que significa algo así como "el lugar donde los hombres se convierten en dioses"...

Elsa se quedó con esa frase y empezó a sentirse como una diosa mientras subían y subían. A las doce en punto llegaron a la cima. La alegría de haber subido, la vista, la energía que había allí arriba, la luz, todo se juntó. Elsa, la diosa venida del otro lado, miró a Eduardo, el dios que voló con ella, y se besaron apasionada y escandalosamente mientras los turistas los fotografiaban.

---

[27] El verbo "apetecer" se utiliza mucho en España. No tanto en el resto de los países hispanohablantes.

[28] Teotihuacán es una importante zona arqueológica con los restos de la ciudad mexica de ese nombre, que significa "ciudad de los dioses". Destacan la Pirámide del Sol y la de la Luna.

—Aquí, en este cuadradito —le dijo Eduardo—, dicen que si pides un deseo, se te concede.

—Pues pido que lleguemos enteros abajo... —dijo Elsa mientras se echaba a reír.

Un rato después, se animaron a subir a la Pirámide de la Luna, algo más pequeña, pero igualmente mágica, y allí siguieron con la magia, besándose como locos, y la bajaron cogidos de la mano y abrazándose a cada poco.

"Suerte que no me sentía preparada para una nueva relación...", pensó Elsa con ironía, "y suerte que no hay más astros a los que adorar porque me están temblando las piernas de tantas emociones y de tantos escalones".

Cuando estaban llegando al Palacio de Quetzalpapálotl, un vendedor se les acercó y les ofreció algunos souvenirs. Elsa vio cómo Eduardo le compraba algo:

—Toma, Elsa, para ti. Es una piedra obsidiana. Aquí dicen que atrae la buena suerte. Y yo quiero que nuestra relación nos traiga suerte a los dos.

Elsa la cogió y la apretó muy fuerte. Lo abrazó, lo besó, le cogió la mano y observó sus constantes vitales: "Pulso 120, ligera taquicardia, problemas de hiperventilación. Completamente enferma. Que los dioses teotihuacanos, otomíes, toltecas y aztecas[29] nos protejan".

Fueron a comer a un restaurante instalado entre las piedras de una inmensa gruta. El ambiente era algo turístico, pero muy colorista y romántico: mesas con velas, contraluces, penumbra...

—Pidamos algo que no sea muy picante —le dijo Elsa, que temía hacer un ridículo semejante al del otro día en Coyoacán.

Comieron un mole de guajolote[30] delicioso mientras se cogían las manos y se acariciaban. Hablaron de sus familias, de sus biografías, de sus aficiones, de sus planes. Se sentían bastante compatibles. Sin embargo, Elsa evitó hablar de su otro Eduardo, ese que estaba desapareciendo por momentos de su memoria. No era el momento. En los postres, mientras se tomaban a medias una torta de elote[31], decidió explicarle lo que le estaba pasando:

—Mira, Eduardo, apenas nos conocemos y a lo mejor piensas que estoy loca..., pero, desde que llegué aquí, me está pasando algo muy raro: no paro de encontrarme gente totalmente desconocida que me saluda por la calle diciéndome mi nombre. Al principio pensé que todo eran imaginaciones mías por el jet-lag, el cansancio, los nervios... . Pero ayer, cuando llegué al hotel, me encontré esta nota.

Y se la dejó ver a Eduardo.

—¿Y no conoces a este Mateo?

—Ni a este Mateo ni a ninguna de las personas que me han reconocido... Me estoy empezando a poner nerviosa con este tema. Incluso me da un poco de miedo... No sé, intento no ponerme paranoica, pero me inquieta mucho todo esto.

—A ver, pensemos... Dos cabezas como las nuestras tienen que poder resolver el misterio.

Y se besaron de nuevo y volvieron a Ciudad de México, en medio de un gran atasco o "congestionamiento", como decían en México, y a las tantas llegaron al hotel y, esta vez, Elsa no despidió a Eduardo en la puerta.

---

[29] Se refiere a una serie de civilizaciones que supuestamente pasaron por Teotihuacán.

[30] Plato típico mexicano, muy elaborado y poco conocido fuera de México, a base de carne de pavo (guajolote en México) o de pollo, con gran variedad de ingredientes y especias, que se suele comer en las grandes ocasiones. Hay de muchos tipos: el mole poblano (de la ciudad de Puebla), el mole rojo, el verde, el negro,...

[31] Dulce típico mexicano. "Elote" significa "maíz". En otros países, como en Chile, se llama "choclo".

14

Mundo sin fronteras

B1+

1. El mundo, hoy

A. Completa estas frases con el sustantivo correspondiente, como en el ejemplo.

1. Es necesario que los estados **incorporen** la perspectiva de género a las políticas de integración.
   Dicha *incorporación* mejoraría considerablemente la situación de las mujeres inmigrantes.
2. **Luchar** contra la discriminación, el racismo y la xenofobia es un deber del Estado; sin embargo, esa .... también es responsabilidad de todas las ciudadanas y todos los ciudadanos y no solo de los gobiernos.
3. **Cooperar** con el desarrollo de la economía de algunos países sería beneficioso para todo el mundo. Dicha ...., además, no solo debería tener lugar a nivel económico, sino también educativo.
4. **Emigrar** es, en la actualidad, el destino de millones de personas; por eso se puede decir que la .... es el gran tema de nuestra época.
5. El desempleo en América Latina **ha crecido** y **sigue creciendo**. Ese .... es uno de los factores que explica el aumento de la cantidad de emigrantes.
6. Estados Unidos es el país que más inmigrantes **ha recibido** durante los siglos XX y XXI; pero España, a partir de los años 90, ha sido uno de los principales .... de inmigrantes de América Latina.
7. **Consumir** drogas y videojuegos son tendencias que caracterizan a una parte de la juventud actual, aunque dicho .... no es igual en todos los países.
8. **Abrazarse, besarse y acariciarse** son expresiones de amor y amistad entre los seres humanos. Los ...., los .... y las .... representan también maneras de saludarse en muchas culturas.
9. En algunos países europeos las parejas homosexuales pueden **adoptar** niños. En España, por ejemplo, estas parejas tienen los mismos derechos que las parejas heterosexuales: el derecho de .... y el de herencia.

B. Marca en los sustantivos que has escrito cuál es su terminación.

2. Apus en la Tierra

Lee las siguientes frases y elige el conector adecuado al contexto.

1. Apus había nacido en el cosmos, así que / porque / es que ese espacio sin principio ni fin era para ella muy familiar.
2. Comenzó a investigar cuando / por eso / en cambio vio a las figuras torpes que salían de los objetos voladores.
3. No sabía que los objetos móviles podían hacer cosas tan diferentes hasta que / antes de / hasta llegó al planeta redondo y azul, que llamaban Tierra.
4. Tenía muchas ganas de visitar la Tierra, en cambio / aunque / por eso ya había leído en algún lado que en ese planeta había muchos problemas.
5. Su sorpresa fue enorme cuando / así que / como le pidieron algo que llamaban pasaporte y que, lógicamente, no tenía.

6. Pusieron a Apus en una nave sin decirle adónde iba, porque / por eso / para que ella comprendió rápidamente que la querían echar de la Tierra.

3. Trabajos académicos

Estas frases pertenecen a trabajos académicos. Vuélvelas a escribir usando el se impersonal para que sean más adecuadas a este tipo de textos.

In wissenschaftlichen Texten ist das unpersönliche **se** sehr verbreitet, denn man muss keine Person nennen und die Aussage klingt so objektiver.

1. En el segundo capítulo hacen referencia a las construcciones impersonales.

   ....

2. Estas teorías deben interpretarlas pensando en la fecha en que se publicaron.

   ....

3. No puedes entender el multiculturalismo si no entiendes la idea de democracia.

   ....

4. Consideran que la migración es un fenómeno que se puede controlar.

   ....

5. En la conclusión resumiré las ideas más importantes.

   ....

6. Primero, presentaremos el problema, después, explicaremos sus causas y consecuencias y, para finalizar, expondremos las conclusiones.

   ....

7. Si comparan las dos versiones, verán que la segunda contiene algunos errores.

   ....

4. Es una amiga mía

Completa estos diálogos con pronombres posesivos tónicos. A veces tendrás que añadir el artículo correspondiente.

1. ▫ No recuerdo dónde he dejado la bolsa de los cosméticos.
   ▪ Hay una sobre la mesa de la cocina…
   ▫ Esa es roja. .... es violeta.
2. ▫ ¿De quién son estas llaves?
   ▪ Son ...., son mis llaves del coche. ¡Menos mal que las has visto!
3. ▫ Acabo de comprar las tres entradas para el concierto. Esta es la mía, esta es .... y esa es la de Pilar.
4. ▫ ¿Sabes dónde está Pilar?
   ▪ Ni idea. Pero hay un par de cosas .... en la oficina, así que todavía no se ha ido a casa.
5. ▫ ¡Pablo y Carmen han comprado un piso!
   ▪ ¡Qué bien! ¿Y cómo es?
   ▫ No es tan grande como .... y el mío, pero tiene mucha luz.
6. ▫ Mira, me he comprado estos pantalones en una tienda de segunda mano.
   ▪ Yo también he salido de compras…
   ▫ A ver… ¡Vaya! Mis pantalones serán nuevos, pero .... son mucho más bonitos…

5. Pienso salir aunque haga mal tiempo

A. Escribe los verbos en la forma adecuada: ¿necesitas el indicativo o el subjuntivo? En algunas frases funcionan las dos opciones.

1. Mis amigos están preparando una fiesta al aire libre y dicen que, aunque ahora .... buen tiempo, es mejor no poner todas las mesas en el jardín. (*hacer*)
2. Mis amigos están preparando una fiesta al aire libre y dicen que, aunque .... mal tiempo, igual harán la fiesta en el jardín. (*hacer*)
3. La gente joven sigue emigrando al extranjero, a pesar de que las oportunidades económicas de nuestro país .... mejorando. (*seguir*)
4. La gente joven seguirá emigrando al extranjero, a pesar de que las oportunidades económicas de nuestro país .... (*cambiar*)
5. Aunque le .... mucho dinero, la juventud española, igual que hicieron sus padres, invierte gran parte de su sueldo en la compra de una vivienda. (*costar*)
6. Aunque me .... muchísimo, voy a empezar a ahorrar para comprarme una casa. (*costar*)
7. Este trabajo tienes que terminarlo hoy, aunque .... que quedarte toda la noche despierto. (*tener*)
8. A pesar de que .... solo seis horas por las noches y estudio todo el día, no creo que pueda terminar el trabajo. (*dormir*)
9. Si bien .... verdad que la fuga de cerebros es un peligro para las naciones, los gobiernos no parecen preocuparse demasiado por este fenómeno. (*ser*)

⚠ Beziehen wir uns mit Ausdrücken wie **aunque**, **sin embargo**, **a pesar de**… auf die Zukunft, so gebrauchen wir Subjuntivo.

B. Vuelve a leer las frases y responde: ¿ya ha sucedido o todavía no? ¿Qué forma verbal has usado en cada caso?

6. Historia de un pueblo

A. **España es un país que, en la historia reciente, ha sido emisor y receptor de inmigrantes. ¿Sabes cuáles son estos momentos en el siglo XX? Investígalo antes de leer el artículo.**

B. **En este artículo se habla de un estudio sobre el tema aparecido recientemente. Anota al lado de cada párrafo la idea principal.**

1. Un estudio afirma que la mayoría de los emigrantes españoles de los años 60 eran ilegales.

LA MITAD DE LOS EMIGRANTES ESPAÑOLES DE LOS 60 ERAN "SIN PAPELES"

Es lo que asegura un estudio de la Universidad San Pablo-CEU de Madrid. A pesar de que el gobierno de Franco organizó la emigración, apenas la mitad de los españoles que fueron a Europa en los años sesenta lo hicieron con contrato y de forma legal.

La profesora Blanca Sánchez Alonso[1], responsable del trabajo, rompe también otros mitos que existen en nuestro país sobre el tema de la inmigración, al asegurar que los "sin papeles" no roban el trabajo a los españoles y que su efecto económico sobre la Seguridad Social es relativo.

El estudio analiza la inmigración española desde una perspectiva histórica: trata el fenómeno durante los siglos XIX y XX. Además, quiere servir para predecir la tendencia de la ola migratoria que hoy llega a España. La realidad de que hasta los años setenta había habido emigrantes ilegales españoles ya se había contado en libros, estudios y varias entrevistas de los propios trabajadores.

Sánchez Alonso niega, además, que los inmigrantes ignoren la realidad que van a encontrar en el país de destino. Y explica que "en los sesenta la información circuló intensamente a través de familiares y amigos que ya habían emigrado". Tampoco está de acuerdo con la idea de que la pobreza absoluta es el principal motivo de la emigración. Según la profesora, abandonar su país supone gastos que solo puede pagar una persona que tiene un ingreso mínimo antes de emigrar. Y habla de una relación entre crecimiento económico y tasa de emigración.

Blanca Sánchez Alonso también estudió el efecto económico que tiene la inmigración. Defiende que los emigrantes "no roban" el trabajo a los nacionales, al menos no a los cualificados, sino que provocan más bien un "efecto de desplazamiento" a otras áreas geográficas o a otros trabajos relativamente más cualificados y de más difícil acceso para los extranjeros.

También asegura que el efecto negativo de los inmigrantes en la Seguridad Social es relativo. La mayoría de ellos solo se quedan un tiempo en España y vuelven a su país después de unos años... por eso, aunque puedan haber pagado las cuotas de la Seguridad Social, no reciben una jubilación.

---

[1] Blanca Sánchez Alonso. Profesora de Historia Económica, Dpto. de Economía. Facultad de Ciencias Políticas y Sociología. Universidad de San Pablo-Ceu.

www.radiocable.com, 25.01.2008

C. Conoces el significado de la expresión **sin papeles**? Escribe una definición que explique su posible origen.

....

....

....

....

....

....

....

....

D. Completa estas frases con la información que has leído en el artículo. Recuerda usar los conectores que conoces.

1. Apenas la mitad de los españoles que fueron a otros países europeos en los años 60 lo hicieron con contrato y de forma legal, ...
....
....
2. No todo el mundo sabe que hasta los años 70 había habido emigrantes ilegales españoles, ...
....
....
3. Se suele afirmar que la pobreza absoluta es el principal motivo de la emigración, ...
....
....

In förmlich abgefassten Texten werden statt **aunque** häufig Konnektoren wie **si bien** oder **a pesar de** (+ Infinitiv, Substantiv oder Nebensatz) verwendet.

7. Plan estratégico de ciudadanía e integración

CD2 25

A. Escucha la entrevista con Beatriz Navajo y Fernando Verdejo. Revisa la tabla con sus comentarios y añade argumentos a la opción con la que estés de acuerdo.

B. Escribe una carta a la sección de cartas al director de un periódico para mostrar tu apoyo a uno de los dos entrevistados. Debes aportar también argumentos propios.

Carta al director:
- Pon un título
- Saluda y explica el tema
- Di cuál es tu posición respecto a ese tema
- Ordena tus argumentos y justifícalos
- Estructura tu texto usando los conectores que conoces

8. Una cuestión intolerable

A. **Lee el título y el subtítulo del artículo de la página siguiente. ¿Sabes algo sobre este tema? Anota tus ideas.**

Bevor du damit beginnst, einen **schweren Text** zu lesen, solltest du an die Strategien denken, die du bereits kennst: Konzentriere dich auf die Information, die dich interessiert, ziehe andere Fremdsprachen zu Hilfe, leite die Bedeutung einiger Wörter ab ...

B. **En el texto aparecen muchas palabras nuevas para ti, pero puedes entenderlas por su relación con palabras de tu propia lengua o con otras lenguas que ya conoces en español. Lee el texto y completa esta tabla.**

palabras relacionadas con el tema			
palabras similares en otras lenguas		palabras derivadas de otras conocidas	
homicidio	homicide (inglés)	intolerable	in + tolerar
torturar	torture (inglés o francés)	aislar	a + isla + r
...		...	

C. **Vuelve a leer el texto y marca en distintos colores las siguientes informaciones:**

a. Qué pasó en Ciudad Juárez y Chihuahua.

b. Cuáles son las reacciones de las autoridades.

c. De qué actividades de organizaciones no gubernamentales informa el texto.

MÉXICO: MUERTES INTOLERABLES

Diez años de desapariciones y asesinatos de mujeres en Ciudad Juárez y Chihuahua

Según información de Amnistía Internacional, en diez años se han registrado alrededor de 370 homicidios de mujeres, de los cuales como mínimo 137 son asesinatos con violencia sexual. Además, no se han identificado 75 cuerpos, algunos de los cuales podrían corresponder a mujeres desaparecidas.

La brutalidad de los crímenes pone de manifiesto una de las expresiones más terribles de la violencia contra la mujer. Muchas de ellas fueron encerradas por varios días, torturadas y víctimas de la violencia sexual más terrible antes de morir. La mayoría de ellas murieron estranguladas. Sus cuerpos se han encontrado en basurales o abandonados en zonas desérticas cerca de la ciudad.

Estos crímenes, calificados por las autoridades como "homicidios en serie", han conmocionado a la población del estado de Chihuahua, que se caracteriza por extremos niveles de violencia contra la mujer, incluyendo homicidios por violencia doméstica u otro tipo de violencia.

Las primeras desapariciones y muertes de mujeres y niñas ocurrieron en Ciudad Juárez hace diez años. Esta ciudad fronteriza con Estados Unidos es actualmente la más poblada del estado de Chihuahua. Su posición geográfica ha hecho de la ciudad un lugar favorable para el narcotráfico.

Esto creó altos niveles de criminalidad e inseguridad ciudadana. Pero durante las últimas décadas, la instalación de empresas transnacionales, donde se ensamblan productos de exportación, las llamadas "maquilas", también le ha permitido un desarrollo económico privilegiado. En gran parte, la rentabilidad de la industria maquiladora se basa en la contratación de mano de obra local barata. Varias de las mujeres desaparecidas o asesinadas eran empleadas de la maquila.

Pero también hay camareras, estudiantes o mujeres que trabajaban en la economía informal. En definitiva, mujeres jóvenes sin poder en la sociedad, cuya muerte no suponía un costo político para las autoridades locales.

De hecho, durante los primeros años de las desapariciones y asesinatos, el discurso público de las autoridades reflejaba una abierta discriminación hacia ellas y sus familias. Más de una vez las mujeres fueron culpadas de su desaparición y asesinato por su forma de vestir o por trabajar de noche en bares.

En febrero de 1999, el ex procurador de justicia del estado, Arturo González Rascón, todavía afirmaba que "las mujeres que tienen vida nocturna, salen a altas horas de la noche y entran en contacto con bebedores, están en riesgo. Es difícil salir a la calle y no mojarse".

A lo largo de los años, la presión constante ejercida por las familias y las organizaciones no gubernamentales para que se esclarezcan los crímenes, ha logrado captar la atención nacional e internacional. Las autoridades han tenido que corregir su retórica ante la opinión pública, aunque siguen tratando los crímenes de forma aislada. Además, niegan la existencia de características comunes en las desapariciones y asesinatos de las mujeres y niñas por razones de género.

Ya sea por indiferencia, falta de voluntad o incapacidad, en los últimos diez años las autoridades responsables de investigar los crímenes no han desarrollado ninguna estrategia eficaz. La creación en 1998 de la Fiscalía Especial para la Investigación de Homicidios de Mujeres (FEIHM) tampoco cumplió con las expectativas. Hasta la fecha no ha puesto fin a las desapariciones y homicidios.

Ante la dimensión de los crímenes, Amnistía Internacional considera que es esencial adoptar mecanismos que garanticen la coordinación entre todas las instancias a nivel municipal, estatal y federal para prevenir, sancionar y acabar con las desapariciones y asesinatos de mujeres en Ciudad Juárez y Chihuahua y los abusos de poder que dificultan las investigaciones.

Amnistía Internacional: Índice AI: AMR – 41.027.2003, texto abreviado y simplificado

9. Verbos con preposición

A. Repasa las preposiciones a, en, de. Coloca los siguientes verbos en la tabla. Fíjate bien en los verbos de movimiento.

acabar · acostumbrarse · aislarse · alejarse · apoderarse · arrepentirse · asistir · asustarse · atreverse · bajar · caber · comenzar · consistir · convertirse · despedirse · emigrar · enamorarse · enfrentarse · equivocarse · especializarse · esconderse · exportar · gozar · heredar · ir · llevar · participar · pensar · pertenecer · provenir · referirse · sentarse · subir · sufrir · terminar · traer · tratar · triunfar · venir · volver

a	en	de

B. Completa las siguientes frases con algunos de los verbos y preposiciones del apartado anterior. Puede haber más de una respuesta correcta.

1. Después de muchos años de esfuerzo, Juan ha logrado .... la vida.
2. No encuentro a María por ningún lado, quizás .... su habitación.
3. Esta mañana he visto a Antonio. **Estaba hecho polvo** y me dijo que .... haber roto con su novia.
4. ¡Menuda cara tiene Álvaro! El pobre, seguro que .... insomnio.
5. Mi relación con Julia **va viento en popa**, cada día .... hacerla sentirse especial.
6. Este juego es muy sencillo, ... matar marcianos.
7. Dame un segundo, que .... comprar el pan para la comida.
8. Desde que le tocó la lotería, Rafael .... un auténtico **cretino**.

C. Explica, con tus propias palabras, las expresiones destacadas en el apartado anterior.

CAPÍTULO 6 Buscar, encontrar

Apenas durmió, pero esta vez las razones fueron otras y mejores. Cuando se despertaron, Elsa y Eduardo se concedieron un relajante baño y un formidable desayuno que hicieron subir a la habitación.

Durante el desayuno, animados por grandes dosis de cafeína, tomaron varias decisiones. En primer lugar, Eduardo se iba a quedar en el hotel con Elsa hasta el domingo; en segundo lugar, Elsa, acompañada por Eduardo, tenía que volver al campus y a Coyoacán para ver si de nuevo alguien la reconocía y, así, poder investigar qué pasaba y, por último, Eduardo tenía una cita ineludible aquella misma tarde para asistir a una conferencia de un colega suyo y Elsa lo iba a acompañar.

Al salir del hotel le preguntaron al recepcionista si recordaba quién le había dado la nota para Elsa. El recepcionista les dijo que era un chico de unos treinta años, moreno, bajito, sin nada especial que comentar de su aspecto físico, que había ido al hotel al mediodía.

A media mañana ya estaban en Coyoacán. En el ambiente se respiraba que el 1 de noviembre se acercaba. Había tiendas engalanadas con cintas de colores, por todas partes había calaveras y esqueletos, en las panaderías había panes especiales y pasteles con forma de calavera...

—Me sorprende mucho esta fiesta. Me hace sentir muy extranjera porque realmente no la entiendo... Si a mí me regalaran una calavera con mi nombre, me daría un mal rollo horrible... —le comentó Elsa a Eduardo.

Dieron vueltas por el mercado, pasearon por los jardines, tomaron café en diversos sitios, comieron en una cantina[32], volvieron a los lugares en los que había estado Elsa pero nadie la reconoció. Solo la niña que le había leído la mano se acercó y le dijo:

—¿Ves? Ya has encontrado al hombre que te dije.

Elsa se quedó de piedra. "Caramba con la niñita... A ver si es verdad que hay videntes...", pensó.

Después de comer, fueron a la Ciudad Universitaria y pasearon tranquilamente por los jardines para ver si alguien reconocía a Elsa, sin lograrlo.

Y, al final, se fueron a la conferencia del colega de Eduardo, un mexicano de origen español, especialista en el exilio tras la Guerra Civil[33].

Llegaron con retraso, pero la conferencia todavía no había empezado:

—Ya te irás acostumbrando a los retrasos de este país —le comentó Eduardo —. Y, además, cuando te dicen "ahorita", ya puedes esperar con calma... Esa es una de las tres mentiras de los mexicanos.

Cuando le iba a preguntar cuál era la tercera, empezaron a presentar al conferenciante. Se llamaba Raúl Figueres y era historiador, nieto de una exiliada catalana, que estaba investigando sobre la adaptación de los exiliados a la sociedad de acogida y la aceptación social que tuvieron.

"Tienen ustedes que imaginar que se calcula que, tras la Guerra Civil, como consecuencia de la victoria franquista, llegan a México más de veinticinco mil exiliados. Gracias a la política exterior del presidente Lázaro Cárdenas, las fronteras de este país se abrieron para esos republicanos españoles, obligados a vivir fuera de su país... Más de veinticinco mil personas que salieron del otro lado del Atlántico indefensas, sin hogar, sin trabajo, sin futuro y que aquí pudieron rehacer sus vidas... ".

Elsa y Eduardo escuchaban atentamente, cogidos de la mano, acariciándosela continuamente.

---

[32] Restaurante casero y popular donde, generalmente, van a comer los hombres.

[33] La Guerra Civil española empezó en 1936 y terminó en 1939 con la victoria de los franquistas, que se alzaron contra la República legalmente constituida. Hubo más de un millón de muertos y cientos de miles de republicanos y librepensadores que tuvieron que exilarse. México fue uno de los países hispanoamericanos que acogió a más inmigrantes.

"Quisiera insistir en la hospitalidad de la población mexicana, que se volcó en la ayuda a sus hermanos españoles, sin racismo ni xenofobia de ningún tipo, pero también es importante destacar que la gran mayoría de los exiliados que vinieron a México pertenecían a la élite intelectual: científicos, poetas, historiadores, filósofos, pintores... que enriquecieron el panorama cultural mexicano. Recibieron mucho, pero también dieron mucho".

La conferencia fue realmente interesante y el profesor Raúl Figueres fue muy aplaudido.

—Ha sido una conferencia padrísima[34] —decían unos mexicanos.

A la salida, Eduardo le presentó a Elsa a una serie de conocidos suyos, casi todos de origen español, que se habían congregado ahí para aprender parte de la historia de sus familias. Casi todos eran de origen vasco, catalán o valenciano.

—Yo soy Idoia Elordi. Encantada de conocerte —le dijo una mujer muy atractiva y elegante.

—¡Anda! ¡Qué casualidad! Mi madre se llama Elordi de primer apellido[35].

De repente, alguien tomó a Elsa por los hombros y le dio la vuelta bruscamente:

—Por fin —le dijo un chico con mucho acento mexicano —. Te veo muy bien, carajo[36]. Veo que todo lo que ha pasado no te ha afectado en absoluto. Cuatro años juntos y ni tan solo has llorado un segundo... Y yo, chingado[37].

Elsa estaba realmente alterada y nerviosa, ese tipo le cogía los brazos con mucha fuerza y la sacudía mientras hablaba:

—Perdone, ¿nos conocemos de algo? —le preguntó mientras buscaba con la mirada a Eduardo, que estaba hablando con unos amigos unos metros más allá.

—Mira, güey[38], eso en las películas está muy bien, pero cuando alguien ha estado cuatro años compartiendo comida y cama, no tiene mucha gracia. Tú me debes una explicación y me la vas a dar, te guste o no... Vamos a platicar[39] un rato.

En ese momento Eduardo llegó con dos copas de cava en la mano.

—Toma, cariño.

—¿Cariiiiiiiiñooooooooo? —gritó el chico—. ¿Cariiiiiiiiiiiiñooooooooooo? ¿Hace cuatro días que lo hemos dejado y ya te has conseguido a otro cuate[40]?

—¿Cómo? —le preguntó Eduardo a Elsa—. ¿Tú estabas enrollada con este tipo? No me has dicho nada de eso. ¿Qué estás haciendo? ¿Estás jugando conmigo?

Elsa empleó toda su fuerza para soltarse del mexicano que, al caer, le dio un golpe a Eduardo, que, sin querer, tiró las copas al suelo. Todo el público que salía de la conferencia los miraba.

—Basta —dijo Elsa—. Aquí hay un gran malentendido. Efectivamente, tenemos que hablar.

---

[34] Una expresión muy frecuente entre los mexicanos para referirse a eventos que les han gustado mucho.
[35] Los españoles tienen dos apellidos: el primero, es el primero del padre y el segundo, el primero de la madre.
[36] Expresión algo vulgar para manifestar muchas emociones distintas.
[37] En México, expresión coloquial para decir destrozado, destruido.
[38] Expresión mexicana coloquial para dirigirse a las personas, equivalente al español "tío" o "tía".
[39] Expresión que significa "hablar", "conversar".
[40] En México, expresión informal que significa compinche, camarada, amigo, o simplemente, chico.

Revista *Campus ELE*

B1+

1. Un nuevo periódico

A. Completa este texto de presentación del periódico *El mundo de hoy*.

a pesar de que | en resumen | ya que | especialmente | por fin

después de | además | para empezar | por otro lado

E L   M U N D O   D E   H O Y

EDITORIAL

¡__________ hemos llegado! __________ mucho tiempo de preparación en nuestra redacción, podemos anunciar a todo el mundo que *El mundo de hoy*, tu periódico, ya ha salido a la venta. En este periódico tendrán cabida todas las noticias que ocurran en el mundo, __________ en el mundo hispano. Y __________ queremos darte las gracias a ti, querido lector, por haber apostado por nuestra publicación para informarte. Pero, __________, queremos prometerte que lo haremos con el mayor rigor posible: lucharemos siempre por ofrecerte una información contrastada y verídica. __________, __________ haya malas noticias, no olvidaremos las noticias positivas, __________ pensamos que también mueven el mundo. __________, esperamos ser tu compañero de viaje de ahora en adelante. *El mundo de hoy* empieza aquí, ¡bienvenido a tu periódico!

B. Acabas de leer la sección "Editorial". ¿Qué otras secciones va a tener este periódico? Haz una lista y explica al lado cuál va a ser su contenido.

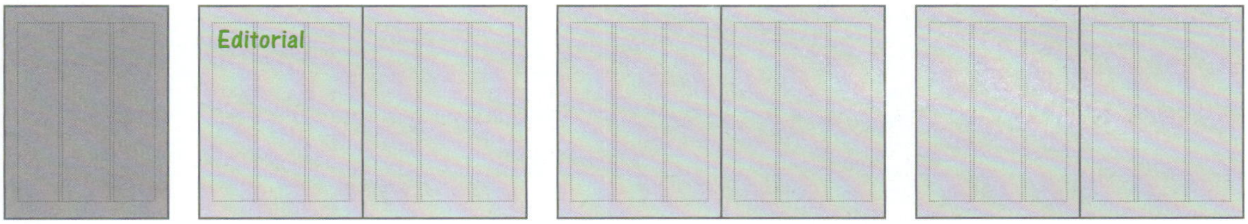

1 2 3 4 5 6 7

2. Está ocupado todo el día

Completa las frases con ser o estar. Observa las diferencias de significado cuando se usa el mismo adjetivo con diferentes verbos.

1. Tiene mucho talento para las lenguas, ... capaz de traducir todo tipo de textos.
2. Hoy no puedo salir con vosotras, ... ocupada todo el día.
3. ¡No tengo tiempo para estupideces, ... una persona ocupada!
4. Trabaja demasiado. Siempre .... cansada.
5. La excursión de mañana .... un poco cansada, pero vale la pena.
6. El cambio del euro en Argentina no ha variado demasiado, ... a unos cinco pesos.
7. ¡Date prisa! ¡ .... muy tarde! Vamos a perder el avión.
8. En España, un 9% de la población adulta .... sola o tiene parejas ocasionales.
9. Paco no .... muy consciente de que si sigue fumando así, se enfermará.
10. Como .... invierno, en esta zona nos espera lluvia, nieve y granizo.
11. Virginia .... muy morena, se nota que ha pasado todo el verano en la playa.
12. Como Juan .... muy moreno y tiene el pelo oscuro, mucha gente cree que es del Magreb o gitano.

⚠
Substantive werden immer mit dem Verb **ser** gebraucht. Funktionieren **Partizipien** wie Adjektive, werden sie mit dem Verb **estar** benutzt.

3. Informaciones

Vuelve a escribir estas frases utilizando el verbo estar y un participio o adjetivo. Puedes hacer otros cambios en la frase si lo necesitas.

1. La inmigración hispanohablante, en Estados Unidos, ya no se limita a las grandes ciudades.

   ....

2. En la fiesta de disfraces, Magaly se vistió de Caperucita Roja.

   ....

3. Reservaron la mesa para las nueve de la noche.

   ....

4. Como acaban de cambiarse de piso, hay desorden en todas las habitaciones.

   ....

5. Acaba de abrirse la inscripción para los cursos de verano.

   ....

6. Vicky está enferma y no puede ir al cole. Se aburre de estar todo el día sola en casa.

   ....

4. Variaciones lingüísticas

A. **El autor del siguiente texto es muy prudente: no quiere comprometerse con la veracidad o la exactitud de la información que transmite. Cambia las expresiones subrayadas por otras que muestren total seguridad sobre esta información.**

evidentemente | normalmente | sin lugar a dudas | absolutamente | claramente | únicamente | esencialmente | independientemente | básicamente | indudablemente | es un hecho conocido

<u>Se podría afirmar</u> que América Latina y España presentan dentro de su territorio variaciones lingüísticas del español <u>relativamente</u> importantes, aunque algunas comparten fenómenos fonéticos similares, como el seseo y la aspiración de la "s". En la península ibérica, el llamado español atlántico distingue el habla del sur del territorio de la del norte, y en América Latina hay formas de hablar <u>bastante</u> diferenciadas por regiones, como, por ejemplo, los Andes, el Río de la Plata, el Caribe o la costa Atlántica de México, Centroamérica, Venezuela y Colombia: hablamos distinto pero <u>probablemente</u> nos entendemos igual.

Como ocurre <u>quizá</u> con la mayoría de las lenguas, en cada país donde se habla español existe una variante estándar y variantes dialectales. <u>Posiblemente</u> porque existen tantos estándares como países que las practican en los medios de comunicación, en su literatura y en el mundo académico, <u>quizás</u> podamos afirmar que el castellano o español es una lengua policéntrica. <u>Probablemente</u> todas las normas cultas son equivalentes, por lo tanto, deberíamos decir que no existe un español mejor o peor que otro.

B. **Escribe un texto argumentativo sobre la situación de tu lengua en el mundo. Utiliza las expresiones para enfatizar tus opiniones.**

....

....

....

....

....

....

....

....

....

....

5. Coches eléctricos

A. ¿Te comprarías un coche eléctrico? Lee estos argumentos a favor y en contra y elige tu opción. Complétala con otros argumentos que se te ocurran.

a favor

El precio de los combustibles es cada vez más elevado.

La contaminación producida por los automóviles es una de las principales razones de la destrucción de la capa de ozono.

Existe la posibilidad real de desarrollar una industria automovilista con energías renovables.

La energía eléctrica no deja residuos y es sostenible.

La fabricación de coches eléctricos es una opción más viable que la fabricación de coches con energía solar o de otros tipos.

El petróleo es una energía no renovable y su excesiva influencia sobre la economía produce situaciones de injusticia entre países.

en contra

No existe, en este momento, una industria automovilística con energía eléctrica.

Los precios de los coches eléctricos son muy elevados y tienen poca presencia en el mercado.

La economía media de los ciudadanos no permite el exceso de comprarse un coche eléctrico.

Los daños producidos por la contaminación de los coches de gasolina o derivados no serán patentes para las generaciones que, en este momento, invierten su dinero en este tipo de coches.

No existe un apoyo real por parte de las instituciones a este tipo de energías renovables y no contaminantes.

Las prestaciones de este tipo de coches, a día de hoy, no están a la altura de las prestaciones de los coches de gasolina o gasoil.

B. Vas a escribir a un blog sobre coches eléctricos explicando tu posición respecto al tema. Puedes seguir estos consejos.

- Describe el problema para empezar
- Piensa en posibles argumentos contra los tuyos
- Piensa en una conclusión
- Ordena tus argumentos y contraargumentos teniendo en cuenta situaciones, causas, consecuencias…
- Estructura tu texto usando los recursos de esta unidad

Jeder gut geschriebene Text sollte **Angaben** zur Zeit, Häufigkeit, Reihenfolge, etc., **Konnektoren** (kausale, temporale …) und Elemente (**Pronomen**, **Synonyme** etc.) beinhalten, die dazu dienen, Wörter nicht zu wiederholen.

6. Pero yo discrepo...

Vuelve a leer este artículo sobre la situación del español en Estados Unidos y escribe dos cartas al director del periódico.

Seis tesis sobre el español en Estados Unidos

EDUARDO LAGO

El gigante norteamericano será el centro de gravedad del mundo hispánico en unas décadas. Aumenta la población hispanohablante, su acceso a la educación y su sentimiento de constituir una sola comunidad.

(...) En las líneas que siguen propondré seis tesis con el fin de contextualizar la situación que vive hoy el español en Estados Unidos.

1. Lengua materna a la vez que extranjera. Como muestra el mapa, con nombres tan resonantemente hispánicos como Florida, San Francisco, Los Ángeles, Colorado o Nevada, en Estados Unidos el español no ha sido nunca una lengua extranjera. Tras la entrega de más de la mitad del territorio mexicano cuando tuvo lugar la firma del Tratado de Guadalupe-Hidalgo en 1848, un gran número de hispanohablantes pasaron a ser estadounidenses de la noche a la mañana. El siglo y medio largo que ha transcurrido desde entonces ha estado marcado por una serie de movimientos migratorios que han reforzado la categoría de lengua materna que tiene en aquel país el español. (...) Por eso, en Estados Unidos el español tiene un estatus doble: es, a la vez, un idioma materno y una lengua extranjera.

2. País bilingüe y bicultural. Para el año 2050, los hispanos constituirán la cuarta parte de la población estadounidense, es decir, que el país está destinado a convertirse en una sociedad bilingüe y bicultural. (...)

3. La segunda "latinitas". En mi opinión, en Estados Unidos se está desarrollando hoy una "latinitas" de signo opuesto a la primera, cuando el latín dio lugar al nacimiento de las diversas lenguas románicas. Al encontrarse en territorio estadounidense, las distintas identidades latinoamericanas reducen distancias entre sí, lo que hace que mexicanos, puertorriqueños, dominicanos, salvadoreños, colombianos y otros, se sientan hispanos de los Estados Unidos, tanto lingüística como culturalmente.

4. Desplazamientos del centro de gravedad. (...) Según las estadísticas, en algún momento del siglo XXI, Estados Unidos será el país con mayor número de hispanohablantes. En mi opinión, ello significará el desplazamiento del centro de gravedad hacia Norteamérica, no solo de la lengua, sino también de una cultura de signo panhispánico.

5. El español como territorio de afirmación y resistencia. (...) Hoy día, aunque a nadie se le pasa por la cabeza el error que supondría dejar de lado el inglés, se observa entre los latinos, sobre todo en los que tienen acceso a la educación superior, un claro orgullo por la cultura originaria y la voluntad de conservar el uso del español, que se desea mantener vivo, especialmente en las siguientes generaciones.

6. Cristalización de una nueva lengua: el español de Estados Unidos. En último lugar, afirmo que de la misma manera a como se está creando una identidad latina, en Estados Unidos se está desarrollando una nueva variedad lingüística, resultante de la integración de las distintas hablas nacionales que se dan cita en aquel país. (...)

Y a modo de conclusión, son muchos los indicios que permiten expresar con toda claridad que nos encontramos en un proceso en el que el español está obteniendo cada vez más prestigio cultural. (...) Nos encontramos al comienzo de un proceso histórico que dentro de unas décadas convertirá a Estados Unidos en el centro de gravedad del mundo hispánico.

www.elpais.com

- Carta de apoyo a las teorías de que el español está en auge en Estados Unidos.

El nacimiento de una nueva cultura.

- Carta mostrando escepticismo sobre estas teorías.

La necesidad de integrarse en los países de destino.

7. Latinos en EE. UU.

A. Lee los siguientes textos y ponles una etiqueta (prudente o categórico) según la relación de sus autores con la información que transmiten.

La publicación de la Enciclopedia del español en Estados Unidos, un proyecto del Instituto Cervantes y la editorial Santillana, ha sorprendido por las altas cifras que reflejan la fuerza del español en ese país, aunque en algunos casos se ha criticado el tono triunfalista de la enciclopedia. Al parecer, algunos dicen que el español hablado en Norteamérica no tiene prestigio cultural en absoluto, porque depende de la inmigración; otros afirman que la fuerza del español es en realidad pasajera y que desaparecerá cuando los descendientes de quienes acaban de llegar vayan a la escuela y adopten únicamente la lengua y la cultura dominantes; también se considera que los medios de comunicación que se expresan en castellano tienen, en general, muy baja calidad.

Para el año 2050, los hispanos podrían constituir la cuarta parte de la sociedad estadounidense, es decir que el país está quizás destinado a convertirse en una sociedad bilingüe y bicultural. Esta tendencia viene subrayada por un cambio relativamente interesante, que ha empezado a experimentar recientemente la inmigración hispanohablante: antes estaba, en parte, limitada a los centros urbanos, pero en la actualidad se reparte por casi todo el territorio nacional, incluidas algunas zonas rurales. En zonas tan alejadas como el estado de Washington, en la costa del Pacífico, en la frontera de Canadá, hace poco era inexistente. Ahora está llegando al 10%.

No hay duda de que en EE. UU. se está desarrollando un fenómeno interesantísimo en relación con los hispanohablantes. Se trata del nacimiento de una nueva comunidad lingüística y cultural. Al encontrarse en territorio estadounidense, es un hecho conocido que las distintas identidades latinoamericanas intentan reducir distancias entre sí, lo que hace que mexicanos, puertorriqueños, dominicanos, salvadoreños, colombianos y otros se sientan hispanos de los Estados Unidos, tanto lingüística como culturalmente.

El fenómeno más significativo en lo que se refiere a la relación que mantienen entre sí las culturas hispánica y anglosajona en Estados Unidos es el cambio de actitud por parte de la población latina hacia la lengua y la cultura dominante, algo cada vez más evidente. Antes había urgencia por asimilar la nueva cultura, lo cual implicaba dejar atrás la cultura y la lengua de origen. Hoy día, aunque a nadie se le pasa por la cabeza el error que supone dejar de lado el inglés, se constata, entre quienes tienen acceso a la educación superior, un claro orgullo por la cultura originaria y el deseo vivo de mantener el español.

B. Explica con tus propias palabras las expresiones marcadas en este contexto. Tradúcelas a tu idioma.

prestigio cultural ....

comunidad lingüística ....

comunidad cultural ....

identidad cultural ....

cultura dominante ....

cultura originaria ....

asimilar ....

8. Un discurso contra la injusticia

A. Lee este texto. ¿En qué contexto crees que se escribió o se dijo? Fíjate luego en la fuente (debajo del texto) para comprobar tu respuesta.

"El mundo vivido en el último año nos debe llevar a reflexionar profundamente para luego actuar con decisión. El optimismo de comienzo de siglo, aquel que hablaba del milenio de la esperanza, parece esfumarse. Se estima que la sola alza en el precio de los alimentos ha empujado a más de cien millones de personas a la extrema pobreza. A su vez, la inestabilidad financiera azota hoy a numerosas economías, amenazando con generar un cuadro recesivo mundial donde, como siempre, los más afectados terminan siendo los más pobres del planeta.

La revisión de nuestros objetivos se hace muy imperiosa, porque no podemos permanecer impávidos ante el deterioro en el bienestar básico de millones y millones de ciudadanos de todo el mundo. Quienes compartimos una noción de progreso, quienes hemos hecho de la libertad y la justicia social nuestras banderas, debemos alzar la voz. El mundo ha llegado a tener los recursos económicos, técnicos y científicos que hacen posible por primera vez en su historia asegurar el bienestar de toda la humanidad y no podemos desperdiciar esta capacidad.

Un mundo mejor es posible, pero para eso se necesita voluntad de progreso y la actual crisis económica internacional demuestra que lo que ha fallado es precisamente esa voluntad. La codicia y la irresponsabilidad de unos pocos, unida a la desidia política de otros tantos, han arrastrado al mundo a una situación de gran incertidumbre.

Qué paradoja lo que vemos en estos días. Con los planes de rescate de la banca internacional, bien pudiera haberse solucionado el flagelo del hambre en el planeta.

Por eso, este es el momento de reafirmar nuestra voluntad.

Porque ninguno de los actuales problemas que enfrenta la humanidad, y ciertamente ninguno de los objetivos civilizatorios que nos hemos dado, los lograremos enfrentar adecuadamente si no existe una opción clara por lo público, por la acción colectiva de los Estados y de la sociedad civil.

Por eso mi llamado es hoy a trabajar juntos para apoyar las medidas de emergencia ante la crisis alimentaria, redoblar nuestros esfuerzos para que la crisis económica en evolución no nos impida alcanzar los Objetivos de Desarrollo del Milenio.

Por eso mi llamado es a un compromiso urgente y genuino con el multilateralismo.

Por eso debemos comprometernos para continuar apoyando y reformando las instituciones internacionales, especialmente Naciones Unidas, para hacerla más representativa, más democrática y que dé mejor cuenta de las esperanzas de nuestros pueblos.

Por eso también debemos alcanzar un acuerdo en la Ronda de Doha de la Organización Mundial de Comercio; por eso debemos obtener resultados concretos en la próxima Conferencia Sobre Financiación para el Desarrollo; y por eso debemos asegurar también el éxito de la Conferencia de Copenhague sobre Cambio Climático en 2009, y convertir dichas negociaciones en acuerdos que contribuyan decisivamente al desarrollo."

Discurso de Michelle Bachelet, ex presidenta de Chile, ante la Asamblea General de la ONU el 24 de septiembre de 2008 (fragmentos).

B. Resume para la revista Campus ELE el contenido de este discurso en forma de noticia. Ponle también un título. Recuerda que estás refiriendo las palabras de otra persona.

EL MUNDO DE HOY

INTERNACIONAL

El 24 de septiembre de 2008, Michelle Bachelet pronunció un discurso ante la Asamblea General de la ONU en el que...

9. El tiempo en el trópico

A. **¿Sabes qué tiempo hace en los trópicos a lo largo del año? Lee esta descripción y subraya todas las palabras que se refieren al clima.**

En los países que están cerca de la línea del ecuador no se suele hablar de las cuatro estaciones del año, sino de la estación de lluvias y la estación seca.

La época de lluvias tropicales caracteriza el clima en gran parte del hemisferio sur, entre octubre y marzo. En esta época, la jornada comienza calurosa y soleada, durante el día sube la humedad y termina con fuertes tormentas y lluvias al atardecer o anochecer.

En la estación seca, donde llueve muy poco, los días son normalmente cálidos y soleados. De abril a septiembre, el cinturón de lluvias se desplaza al hemisferio norte, y el trópico sureño experimenta su "estación seca".

B. **Anota debajo de estos dibujos todas las palabras relacionadas con el tiempo y el clima que aparecen en el texto. Completa con otras palabras que conoces.**

C. **Describe el tiempo que hizo durante todo el día de ayer en el lugar donde te encuentras.**

CAPÍTULO 7 Comprender, descubrir

Y se sentaron los tres. Ese desconocido de pelo negro ensortijado, tan enfadado con Elsa. Eduardo, totalmente desconcertado, pensando que Elsa lo estaba engañando, y Elsa dispuesta a entender por fin lo que estaba pasando.

—Dime quién eres y qué quieres —le dijo Elsa a ese desconocido.

—Quiero que vuelvas conmigo.

—Estás loco. Yo a ti no te conozco de nada... ¿Me entiendes? De nada. No te he visto en mi vida. No sé quién eres. Ni siquiera sé cómo te llamas...

El chico se empezó a dar cuenta de su error. Elsa hablaba "raro": pronunciaba las ces y las zetas, tenía una entonación diferente...

—Yo soy Mateo. Y tú eres Elsa Nin.

Eduardo, por un momento, recordó la película de Tarzán[41].

—No. Yo soy Elsa, sí, pero Elsa Esteve. No soy Elsa Nin. Mi nombre tiene tres "es": Elsa Esteve Elordi. Y es la primera vez que estoy en México. Llegué hace unos días y casi no conozco a nadie aquí. Excepto a este chico, Eduardo, que también tiene un nombre con "e".

—¿Quéééééééééééééé? ¿No eres mexicana? ¿No eres Elsa Nin? No, no es posible. Eres igual que ella. Exacta. A ver, enséñame tu brazo.

Le cogió el brazo derecho, le subió la manga del jersey y, después de mirarle el brazo, dijo:

—No tienes el lunar. No eres ella. No es posible. Me va a caer bien un tequila doble.

Y, de repente, Mateo se levantó, empezó a correr y se fue. Eduardo y Elsa lo siguieron un rato, pero aquel chico corría más que ellos y lo perdieron.

—¿Sabes lo mejor de todo? —le dijo Elsa a Eduardo jadeando por haber corrido tanto —. Que mi abuela se llama Nin de primer apellido. Mi padre se llama Jaime Esteve Nin. Me estoy volviendo loca...

—Tranquila, cariño.

"¡¡¡¡¡Me ha llamado "cariño"!!!!!", pensó fugazmente Elsa.

—Al menos —continuó Eduardo— ya sabemos que hay otra Elsa, muy parecida a ti y que, por eso, la gente te confunde con ella. Y, por lo que dices, probablemente es familia tuya.

—No. Eso es imposible. Yo no tengo familia en México.

Y, de repente, se acordó de su abuela Mercedes. De su abuela Mercedes Nin y de que fue ella la que le sugirió que viniera a México.

—Sea como sea, yo ahora estoy muy intrigada. Me gustaría conocer a esa Elsa Nin, buscada por un hombre locamente enamorado de ella al que ella ya no ama, megaconocida en distintos ambientes e idéntica a mí, que, además tiene el mismo apellido que mi abuela...

—Dicen que todos tenemos un doble.

—Pues yo quiero conocer a esa mujer. Tenemos su apellido y sabemos que físicamente es como yo. Nin es un apellido catalán y en Cataluña no hay muchos, así que en México menos. Seguro que su familia se exilió de España en la Guerra Civil... Podemos buscar en la guía telefónica. Y también puedo mirar en Facebook.

Un rato después estaban en el hotel de Elsa, conectados por wifi a Internet y abriendo la página de Facebook.

—E-mail, contraseña y en "Buscar" pongo "Elsa Nin"...

Enseguida apareció la foto de una mujer idéntica a Elsa.

—Dios mío. Es igual que yo. Clavada.

—Mira a ver qué pone en "Información".

—A ver... Mira, tiene mi edad. Está estudiando una maestría en Relaciones Internacionales en la UNAM... Por tanto, aunque ese loco diga que no la encuentra, probablemente ella sigue viviendo aquí... Y aquí está su e-mail. Voy a hacer una cosa, le voy a mandar un e-mail y también voy a poner un comentario en su "muro".

[41] En la traducción al español, Tarzán le dice a su chimpancé: "Yo, Tarzán. Tú, Chita".

—Y mira también cuándo ha escrito en el muro por última vez —le aconsejó Eduardo.

—Buena idea. Mira, escribió ayer... Querido, es nuestro día de suerte. Ha quedado para esta noche con un amigo suyo en Xoximilco[42], en un restaurante que se llama "La Adelita"

—Pues allí estaremos.

Un rato después, Elsa y Eduardo llegaban a un barrio lleno de barcas pintadas de alegres colores y, por estar a menos de cuarenta y ocho horas antes del Día de los Muertos, lleno de flores de cempasúchitl[43], que le daban un tono de un amarillo intenso a todo. El cielo, sin embargo, presagiaba tormenta.

En cuanto entraron en "La Adelita" vieron a Elsa, a la otra Elsa, y Elsa los vio a ellos y casi se desmaya del susto. No es fácil ver a un ser igual a ti, totalmente desconocido, que te mira fijamente y se acerca. Porque Elsa se acercó, con total decisión, a la mesa donde estaba sentada la otra Elsa, se sentó delante de ella y, por segunda vez en ese día, dijo:

—Tenemos que hablar. Pero, de momento, no digas nada y escúchame.

Medio recuperada del susto, Elsa Nin escuchó a Elsa Esteve explicar lo que le estaba pasando desde que había llegado a México y cómo, a través de Mateo, habían conseguido su apellido y, luego, la habían buscado en Facebook y habían visto que tenía esta cita.

—Y ahora que lo sabes todo, tenemos que buscar una explicación a esto: nos llamamos igual y somos iguales. Y, encima, tú tienes el mismo apellido que mi abuela... Mercedes Nin.

—¿Mercedes Nin? Mi abuelo tenía una hermana que se llamaba Mercedes Nin, pero murió en la guerra española. Mercedes Nin Alás.

—¿Mercedes Nin Alás? Esa es mi abuela y te aseguro que no murió en la guerra. Está bien viva y tomando güisqui a cada rato.

—¿Qué dices? Entonces, efectivamente, tenemos mucho que hablar.

Y así descubrieron que eran primas segundas[44].

—Mi abuelo —explicó Elsa Nin— llegó a México justo después de los bombardeos de Barcelona que, si no recuerdo mal, fueron en marzo o abril del 38. Tenía 5 años y toda su familia había muerto en los bombardeos. O eso le dijeron.

—La abuela Mercedes nunca habla de la guerra, pero mi padre me explicó que en los bombardeos de Barcelona murieron la madre de mi abuela y su hermano pequeño, Jaime.

—Ese es mi abuelo. Él no murió. Unos amigos de la familia, los Rovira, que eran republicanos, se enteraron de que una bomba había explotado en casa de la familia Nin. Cuando llegaron allá, vieron que todo estaba destruido. Solo se oía a un niño llorar. Era mi abuelo, solo, sucio y abandonado. Se lo llevaron a su casa. Durante días buscaron a sus padres y como no los encontraron, creyeron que toda su familia había muerto y lo trajeron a México, cuando ellos se exiliaron, en uno de los viajes de republicanos españoles hacia el exilio. Él vivió con los Rovira hasta que murieron.

Eduardo estaba fascinado viendo a esas dos mujeres que, como si fueran la imagen de un espejo, estaban descubriendo secretos, malentendidos, silencios que reescribían sus vidas.

—Mi abuela Mercedes, junto con su padre, vieron de lejos cómo bombardeaban su casa, buscaron a su madre y a su hermano durante días, pero no los encontraron entre los escombros ni en los hospitales. Unas semanas después vieron sus nombres en la lista de fallecidos... Dime una cosa muy importante, ¿tu abuelo vive?

—Sí, y bebe güisqui cada tarde mientras se fuma un cigarrillo a escondidas.

—No hay duda. Son hermanos.

---

[42] Xoximilco es un barrio muy popular —y también turístico— lleno de canales y donde hay barcas.

[43] Flor de un amarillo muy intenso que se utiliza en México fundamentalmente en los días anteriores y durante el Día de los Muertos.

[44] En España se cuenta hasta tíos y primos segundos. Puede ser que no se conozcan personalmente entre ellos, pero sí que se sabe de su existencia y se conocen sus nombres.

EPÍLOGO Volver

Decían los mexicas que, cuando alguien muere, continúa viviendo en Mictlán, un lugar donde viven todos los que han abandonado este mundo, y allí viven plácidamente hasta que un día vuelven a sus antiguos hogares para visitar a sus parientes.

La noche del domingo, 1 de noviembre, el día que en México creen que las almas de los niños muertos regresan con sus familias, Elsa entró en el salón de casa de su abuela.

—Abuela querida, ya estoy aquí.

—¿Ya has vuelto, angelito? ¡Qué alegría! ¿Cómo te ha ido todo?

—Te lo voy a contar todo, abuela. Pero, primero, vamos a servirnos un güisqui. Y tú te vas a sentar cómodamente en tu sillón preferido y no te vas a poner nerviosa, nada nerviosa, cuando te presente a una persona que he conocido en México.

—¿Un chico guapo y encantador que te ha hecho olvidar a ese impresentable de Eduardo?

—Algo parecido.

Elsa se levantó para abrir la puerta del salón. Un hombre de pelo blanco, apuesto y elegante a pesar de sus casi ochenta años, sonreía y, acercándose a Mercedes, dijo:

—En estos años nunca he podido jugar tan bien al escondite como cuando jugaba contigo.

—¿Cómo? Yo solo jugué al escondite con mi hermano Jaime.

—Es que soy Jaime.

Soluciones

UNIDAD 1

1. Palabras relacionadas

Música: moderna, antigua
Persona: amable, optimista, maravillosa
Amigo: amable, optimista
Amiga: amable, optimista
Estudiantes: simpáticos, sociables, serias, trabajadores
Secretaria: amable, optimista, maravillosa
Universidad: pública, antigua
Ciudad: antigua, maravillosa

2. ¿Singular o plural?

sustantivos			
masculino		femenino	
singular	plural	singular	plural
chico	barrios	clase	carreras
deporte	teléfonos	discoteca	lenguas
		música	amigas
			páginas

adjetivos			
masculino		femenino	
singular	plural	singular	plural
simpático	alegres	importante	alegres
importante	amables	interesante	amables
pequeño	modernos	pública	prestigiosas
interesante	sociables	privada	sociables
grande		seria	
		grande	

3 ¿Artículo definido o indefinido?

1. Esta **es** la amiga de Iñaki, se llama Paloma. Es **una** amiga del curso de español.
2. **La** Universidad Nacional de Córdoba es **una** universidad muy antigua.
3. Paloma tiene **un** amigo mexicano que se llama Luis. **La** universidad de Luis es **la** Universidad de Guadalajara.
4. **El** hermano pequeño de Luis vive en La Habana. La Habana es **la** capital de Cuba.
5. Mi Universidad se llama Carlos III. Está en el norte de Madrid, en **un** campus bastante grande. Es **el** campus de Colmenarejo.

4. Yo soy...

Hola, **soy** Lorena Robles Ramírez y **tengo** 20 años. Soy de Zacatecas, pero vivo con mi familia en Guadalajara. Estudio Ciencias Económicas. Mi carrera **es** muy interesante. **Tengo** una hermana y dos hermanos. En mi tiempo libre **estudio** alemán. Me **gusta** mucho leer, navegar por internet y salir con mis amigas.

Esta **es** mi universidad. Es la Universidad Nacional de Córdoba y **está** en Argentina. Es la más antigua (1613) y la más grande después de la UBA, la Universidad de Buenos Aires. Aquí puedes estudiar todas las carreras. Si **buscas** un curso para aprender español, la Facultad de Lenguas **está** en la ciudad universitaria.

5. Plurales

plural	singular	el / la
redes	red	la
países	país	el
excursiones	excursión	la
universidades	universidad	la
informaciones	información	la
facultades	facultad	la
ciudades	ciudad	la
jueves	jueves	el
campus	campus	el
naciones	nación	la

6. Presentaciones

A.
1. te llamas
2. se llama
3. me llamo / soy
4. se llama / es
   me llamo / soy
5. te llamas / eres
   me llamo / soy

B.
1. ¿De dónde eres?
   De San Petersburgo.
2. ¿De San Petersburgo? ¿Dónde está?
   En Rusia.
   Ah... ¿Y para qué estudias español?
   Para viajar por Sudamérica el año que viene.
3. ¿Cuáles son tus aficiones?
   Toco la guitarra y hago excursiones a la sierra. ¿Y cuáles son tus aficiones?
   Yo hago deporte y estoy en un grupo de teatro.
4. ¿Qué estudias?
   Estudio Filosofía en la Universidad de Barcelona

7. Mi ciudad

A.
se llama / es / Inglaterra / está / es / está / está / norte / es / museos / conciertos

8. Preguntas y respuestas

1. ¿Cómo te llamas?
2. ¿Eres peruana?
3. ¿Estudias Literatura?
4. ¿Tú eres de Valencia?
5. ¿Tú eres de Buenos Aires, no?
6. No eres de Granada, ¿no?
7. John es de Nueva York, ¿no?
8. Tú eres de Vigo, ¿verdad?

No, soy de Rosario (2, 4, 5, 6)
Sí, ¿y tú? (2, 3, 4, 5, 7, 8)
Sí, soy gallega pero estudio en Madrid (8)
No, soy de Madrid. (2, 4, 5)
No lo sé. (7)
Pues no, no lo soy. (2, 4, 6)
Jon, soy vasco.(1)
No, estudio Filosofía (3)

9. Saludos y despedidas

Sugerencia:
1. Buenos días.
   Buenos días, ¿cómo está?
2. Buenas tardes.
   Hola, buenas tardes.
3. Hola, ¿qué tal? Soy Gloria.
   Hola, bien, gracias. Yo soy Felipe.
4. Hola, ¿cómo estás?
   Bien, gracias, ¿y tú?
5. ¡Hasta luego!
   ¡Hasta luego!
6. ¡Nos vemos!
   ¡Vale, hasta pronto!

11. Álex y Matias

1. ¡Hola! ¿Eres Álex?
2. Sí. Y tú eres Matias, ¿no?
3. Sí.
4. ¿Qué tal?
5. Bien, gracias.
6. ¡Muy bien! ¿Tú para qué quieres aprender español?
7. Para vivir en España. Me gusta mucho España.
8. ¿Ah sí? ¿Por qué?
9. Me gusta su clima, su cultura, sus paisajes, su gastronomía, su gente...
10. Y tú, ¿Por qué aprendes francés?
11. Yo quiero aprender francés porque trabajo en una empresa francesa.
12. ¿Y te gusta Francia?
13. Sí, ¡mucho!

12. Datos personales

¿Tu nombre, por favor?
¿Tu apellido?
¿De dónde eres?
¿Qué estudias?
¿El día de tu cumpleaños es...?
Tu número de teléfono, por favor.
¿Tienes correo electrónico?
¿Dónde vives?

14. Taller de escritura

trabajo / un / la / saludo / buenos días / responden / buenos días / mi / un / saluda / se llama / es / son / es / creo / es

16. Actividades

A.
Jugar: al fútbol, a la videoconsola, al baloncesto, al dominó
Practicar: deporte
Tocar: la guitarra, el piano, música
Ir: de bares
Hacer: deporte, excursiones, música

C.
Sugerencia:
jugar / leer / viajar / hablar / navegar / estudiar

UNIDAD 2

1. Yo y mi mundo

A. y B.
e > ie: quiero, quieres, quiere, quieren; entiendo, entiendes, entiende, entienden; tengo, tienes, tiene, tienen; pienso, piensas, piensa, piensan
o > ue: duermo, duermes, duerme, duermen; puedo, puedes, puede, pueden;
e > i: digo, dices, dice, dicen; elijo, eliges, elige, eligen; repito, repites, repite, repiten; pido, pides, pide, piden

C.
1. quiere / dice / puede
2. preferimos / tiene
3. piensan / piden / dice / quieren / pueden
4. quieres / puedes / dice
5. elige / entendemos / repite / repite / pido / quiero

2. Gustos

1. te / mí
2. les / nos
3. os
4. le
5. os
6. le
7. le
8. mí; nosotros/-as / me; nos / mí

4. ¿Tú también estudias español?

1. tampoco
2. también
3. tampoco
4. también
5. también
6. tampoco

5. ¿De quién es?

A.
1. su móvil / sus libros / su tarjeta / sus llaves
2. mi agenda / mi billetera / mis llaves / mi móvil
3. nuestras tarjetas / nuestros móviles / nuestras llaves
4. vuestro diccionario / vuestra agenda / vuestro libro

B.
1. ese
2. esta
3. esos
4. ese
5. estas
6. esa

6. El mundo en español

A.
sino también lenguas indígenas / **también** se habla castellano / **pero** no todas son oficiales / **también** guaraní / **también** se habla español / **pero** que no está en América / **sino** en África

B.
Nombre: Guinea Ecuatorial
Lenguas Oficiales: español, francés, portugués
Capital: Malabo
Clima: ecuatorial

7. La ciudad de Laura

comercios / restaurantes / galerías de arte / museos / gimnasio / cines / Facultad / parque / discotecas

8. Hablar de los lugares

1. ¿**Hay** una biblioteca cerca?
   Sí, **hay** una en la Facultad de Ingeniería.
2. Tobías **es** chileno, de Santiago, pero estudia en una universidad que **está** en el norte de Chile.
   ¿Sabes cómo se llama?
   No sé, pero **es** una universidad grande.
3. ¿Qué buscas?
   El móvil. ¿Sabes dónde **está**?
   En el coche **hay** uno.
   Ese móvil **es** de Maite.
4. Perdone, ¿**hay** un supermercado en esta calle?
   Sí, pero **está** un poco lejos.
5. Mira, aquí tienes unos anuncios, **hay** muchas personas que quieren un tándem.
   ¡**Es** verdad! "**Somos** dos estudiantes ingleses y buscamos un tándem para clases de español."
6. Federico dice: "**Soy** italiano y **estoy** en Granada con un intercambio. Me gusta mucho la universidad: los cursos **son** muy interesantes. En una de mis clases **hay** una chica finlandesa muy simpática. Se llama Hannele, **es** de Jyväskyla."

9. Conectores

1. solo / sino también
2. pero
3. También / pero / Además
4. Además / porque

10. Conocer una ciudad

A.
La ciudad de la que se habla es **Granada**.

11. Erasmus

Erasmus / doce / nuevo / formación / Programa de Aprendizaje Permanente / Erasmus Mundus / cooperación / uno o dos

12. Salamanca

Salamanca **es** una ciudad atractiva para un estudiante Erasmus. **Es** pequeña, **tiene** 200 mil habitantes, pero **tiene** dos universidades y muchos estudiantes extranjeros. Salamanca **tiene** mucha oferta cultural y **es** **famosa por** la plaza mayor, la catedral y la fachada de la universidad.

14. ¿Qué es para ti la ciudad ideal?

Las características que se repiten son:
- "con mucha vida" o "mucho ambiente"
- "limpia" o "con las calles limpias"
- "verde" o "con muchos espacios verdes"

UNIDAD 3

1. Aprendiendo, que es gerundio

A.
1. viendo
2. viajando
3. usando
4. haciendo
5. escuchando
6. escribiendo
7. repitiendo
8. leyendo y escuchando

2. Universidades

A.
Sugerencia:
1. La UBA es más nueva que la UNAM.
2. La UNAM tiene más estudiantes que la UGR.
3. La UCV es más antigua que la Universidad de Chile.
4. La Universidad Carlos III tiene menos estudiantes que la UBA.
5. La Universidad de Granada es más antigua que la Universidad de Chile.

3. Consejos

1. tienes que
2. tienes que
3. tiene que
4. tenemos que
5. tienes que
6. tenéis que
7. tienes que
8. tengo que

B.
Se puede usar hay que en las frases 1, 2, 5, 7. Son consejos para todo el mundo, no se dirigen a personas concretas.

4. Herramientas de aprendizaje

Sugerencia:
1. ¿Cuál te gusta más?
   Esta, es la más clara.
2. ¿Cuáles prefieres?
   Estos, son los más baratos.
3. ¿Cuál prefieres?
   Este, es el más actual.
4. ¿Cuáles prefieres?
   Las más pequeñas.
5. ¿Cuál prefieres?
   El más fácil.
6. ¿Qué diccionario en Internet usas?
   El mejor.
7. ¿Qué película te llevas?
   La más divertida.

8. ¿Qué carrera estudias?
La más interesante.

6. Maneras de vivir

A.
1. **tanto** deporte **como**
2. **tantas** clases de baile **como**
3. **menos** horas de trabajo práctico **que**
4. **menos** actividades **que**
5. no duerme **tanto como**
6. trabaja con su tándem **tanto como**

7. Test: ¿te gusta hablar idiomas?

1. qué
2. cuál
3. qué
4. cuál
5. qué
6. qué
7. qué

8. El viaje de Valentina

A.
1. Berlín / Alemania / alemán
2. Londres / Reino Unido / inglés
3. Lisboa / Portugal / portugués
4. Madrid / España / español
5. París / Francia / francés
6. Praga / República Checa / checo
7. Varsovia / Polonia / polaco
8. Moscú / Rusia / ruso
9. Budapest / Hungría / húngaro
10. Bucarest / Rumanía / rumano
11. Sofía / Bulgaria / búlgaro
12. Roma / Italia / italiano

9. Mi lengua

C.
En el texto aparece la palabra "morir" en el mismo sentido que la palabra "desaparecer".
D.
conocimientos ecológicos, secretos culinarios, secretos medicinales, antiguas mitologías

11. A mi manera

A.
Sugerencia:

Marisol
es individualista es poco disciplinada
Sebastián
es muy comunicativo es lúdico le gusta experimentar la lengua
Leandro
es inseguro prefiere tener un profesor
Laura
necesita compartir su proceso es muy comunicativa

B.

sustantivo	adjetivo	verbo
seguridad	seguro	asegurar
experimento	experimentado	experimentar
responsabilidad	responsable	responsabilizar
lectura	lector	leer
organización	organizado	organizar
estudios	estudioso	estudiar
individuo	individualista	individualizar
comunicación	comunicativo	comunicar

UNIDAD 4

1. Conectar oraciones

A.
1. Claudia está enferma, **por eso** mañana no viene a clase.
2. A mi hermano le encanta la música clásica, **pero** a mí no me gusta nada.
3. Este es Samuel: **como** él conoce bien la ciudad, puede enseñártela.
4. **Aunque** me encanta la carne voy a pedir pescado.

B.
1. **Aunque** dicen que este sábado va a llover, yo pienso ir de excursión.
2. Hoy tengo cita con el médico, **por eso** no puedo ir a clase por la tarde.
3. Me encanta ir al cine, **sin embargo** hoy prefiero quedarme en casa.

2. Diario de Granada

A.
pero tengo una idea genial… / **como** mi objetivo más… / **aunque** mi nivel no es… / **además** ¡va a ser … / **sin embargo**, el portugués se parece…. / **también** son muy simpáticos….

B.
¡Va a ser divertido! > futuro
Nos acabamos de conocer. > pasado

3. ¿Con o sin preposición?

1. a
2. ø
3. a / a
4. **ø**
5. **a**
6. a
7. a

4. Los compañeros de Lucile

1. vuelve de
2. traer de
3. lleva a
4. va a
5. viene de

5. Lo tengo yo

A.
1. **La** tengo yo. ¿**La** necesitas ahora? Sí, ¿puedes dárme**la**?
2. ¿Dónde están **las** llaves del coche? Estoy buscándo**las**.
Las tiene Ramón. ¿**Las** necesitas ahora mismo? Pídese**las**.
3. ¿Y mis libros, ¿quién **los** tiene? **Los** tiene Lucía.
4. **Lo** tiene Santiago.
5. **Lo** tiene Pablo, es que **lo** necesita.
6. **La** está buscando, pero no **la** encuentra.
7. Tu hermano **las** tiene en su billetera.

B.
1. le
2. les
3. te
4. te
5. me
6. se lo
7. le

6. ¿Quieres comprártelo o no te lo quieres comprar?

A y B.
1. Acabo de ver**la** en la Oficina Erasmus. > **La** acabo de ver.
2. Estoy buscando mi pasaporte y no **lo** encuentro.
3. No, ¿Puedes buscar**las** en mi bolso, por favor? > ¿**Las** puedes buscar…?
4. Ahora no. Mis estudiantes **me** están esperando. > Están esperándo**me**.
5. ¿No vas a presenta**me** a tu amiga Raquel? > ¿No **me** vas a presentar a Raquel?

7. Un pueblo muy turístico

A.
Vivo en un pueblo que es pequeño, pero **muy** bonito. Está cerca de una playa **muy** famosa adonde van **muchos** turistas durante el verano. Aunque viven **muchos** niños, hay **pocas** escuelas: solo hay dos, pero son **muy** grandes y con **muchas** instalaciones para los estudiantes. Mi pueblo es famoso por sus restaurantes, de hecho, hay varios con **muy** buena fama, **muchos** de los turistas que vienen a mi pueblo, vienen para comer. Por otro lado, hay **pocas** discotecas, por eso es **muy** habitual salir por la noche a otros pueblos que están cerca y donde hay **muchas** más discotecas que aquí. Creo que es un lugar **muy** agradable para pasar unas buenas vacaciones de verano, pero yo me aburro **mucho** cuando llega el frío: entonces hay **pocos** turistas, la gente sale **poco** y las calles, las tiendas y los bares están **poco** animados.

B.
Son cuantificadores.
Muy y poco acompañan a adjetivos y adverbios y son invariables.
Mucho/-a/-os/-as y **poco/-a/-os/-as** acompañan a sustantivos y a verbos o van solos. Si acompañan a un verbo, son invariables y van detrás.

8. Culturas lejanas

1. sin embargo / también
2. aunque
3. por eso / aunque
4. aunque / y

9. Erasmus

1. rellenar**los**
2. preguntar**les**
3. llevar**lo**
4. llamar**la**
5. leer**las**
6. escribir**le**
7. pedir**lo**
8. discutir**los**
9. apuntar**los**
10. mandar**los**
11. dar**le**
12. preguntar**le**

11. En mi ciudad hay...

B.
Colorido, famoso, turístico, pintoresco, alegre.

12. Perdone, ¿puede usted indicarme?

Sugerencia:
La cafetería > Sigue recto por esta calle y gira en la primera esquina a la izquierda, cruza dos calles y en esa esquina a la derecha está la cafetería.

El banco > Sigues recto por esta calle y en la tercera esquina a la izquierda está el banco.

El polideportivo > Caminas por esta calle recto hasta la parada del autobús, allí giras a la izquierda hasta la plaza, cruzas la plaza y sigues por la misma calle. En la segunda esquina está el polideportivo.

La biblioteca > Siga usted recto por esta calle hasta la parada del autobús y allí lo toma y se baja en la parada de los grandes almacenes. Entonces camina hasta la esquina de abajo y toma esa calle hacia la izquierda. En la primera esquina está la biblioteca.

13. Servicios

Sugerencia:
(de izquierda a derecha y de arriba a abajo) autobús / bomberos / farmacia / hospital / iglesia / biblioteca / información / correos / banco / hotel

14. Medios de transporte

(de izquierda a derecha y de arriba a abajo): autobús / bicicleta / tren / tranvía

UNIDAD 5

1. Consejos para ir al extranjero

A.
1. háztelo
2. ponte
3. ve
4. sé
5. ven
6. ten

B.
1. **Traed** primero las cajas de libros.
2. **Vengan** por la tarde.
3. **Di** lo que piensas.
4. **Oye** lo que te dicen.
5. **Haced** lo que os digo.
6. **Muéstrame** lo que tienes en la mochila.
7. **Repitan** los mismos ejercicios.
8. **Ríase** de la gente.
9. **Sigue** practicando los verbos.

C.
1. Podríais traer primero las cajas de libros.
2. Pueden venir por la tarde.
3. Tienes que decir lo que piensas.
4. Tienes que oír lo que te dicen.
5. ¿Podríais hacer lo que os digo?
6. Tienes que mostrarme lo que tienes en la mochila.
7. Pueden repetir los mismos ejercicios.
8. Tiene que reírse de la gente.
9. Puedes seguir practicando los verbos.

3. Cosas que hay que hacer

A.
Sugerencia:
lavar la ropa; hacer la cama; regar las plantas; ordenar los libros; limpiar la cocina; preparar la cena

B.
Sugerencia:
Juanjo, ¿podrías lavar la ropa, por favor?
Tienes que hacer la cama cada día.
¿Te importa regar las plantas?
Ordena los libros después de usarlos, por favor.
¿Podrías limpiar la cocina después de comer?
Prepara la cena antes de ver la tele.

4. Favores

hazme un favor... / **ve** a la biblioteca... / **búscala** en la base ... / **rellena** el formulario... / **entregárselo** la semana... / **llámame** por teléfono...

5. ¿Cuándo tienes clase?

1. **Los** lunes y **los** jueves, por la tarde.
2. Todos **los** fines de semana.
3. **En** agosto y a veces **en** Semana Santa.
4. Todos **los** martes, **de** 10.00 **a** 12.00.
5. **A** las 14.00.
6. Tarde. Hoy trabaja **hasta** las 10.00 de la noche.
7. Gracias, me ducho **primero** y **después de** ducharme me lo tomo.
8. A mí me encanta escuchar música **mientras** trabajo.

6. Un día en la vida de Manuel

Sugerencia:
Primero ha tenido clase en la universidad. **Después** ha estado en la biblioteca **durante** una hora y cuarto y luego ha comido. **Después de** comer ha repasado inglés **antes de** hacer el examen. **Después del** examen ha tenido más clases y **luego** ha ido a jugar al baloncesto y a tomar algo con los del partido. **Finalmente** ha llegado a casa, se ha hecho la cena, ha cenado y ha visto una película.

7. Hoy ha sido un día fatal

1. **Me he levantado** tarde y **no he podido** ducharme.
2. **No he tomado** el metro de siempre y **he llegado** tarde a la facultad.
3. **Me he sentido** mal todo el día.
4. **He perdido** las llaves de casa, no sé dónde las **he dejado**.
5. **No ha funcionado** la conexión a internet y **he estado** todo el día incomunicado.
6. **He olvidado** el móvil en el bar donde **he tomado** un café frío.
7. **No he podido** llamar a nadie no organizar mi fin de semana.
8. **No he tenido** tiempo ni para comer y lo poco que **he comido ha sido** horrible.
9. **He llegado** a casa tardísimo, cansado, nervioso y de mal humor.
10. **He discutido** con todo el mundo y les **he gritado** a mis compañeros de piso.

8. ¡Anímate y cómpratelo, hombre!

Dásela. > la agenda > tú > a él/ella/ellos/ellas
Póntelo. > el sombrero > tú > a ti
Lléveselas. > las plantas > usted > a él/ella/ellos/ellas
Tráeselos. > los formularios > tú > a él/ella/ellos/ellas
Míreme. > usted > a mí
Léamelo. > el artículo > usted > a mí
Pensadlo. > lo que acabo de decir > vosotros/-as

9. Anuncios

1. A
2. D
3. C
4. B

13. Rehabilitación

En Venezuela, la UNESCO declara a las ciudades de Coro y La Vela Patrimonio Cultural de la Humanidad porque tienen **interesantes centros históricos**. Pero es necesaria una **reconstrucción** para **conservarlas**. Existe un **programa de rehabilitación** que el Estado venezolano financia. Después de la reconstrucción, la calidad de vida de la población va a **mejorar**. No solo el estado, sino también los **habitantes** participan en el programa. Les interesa **cuidar y revitalizar** las tradiciones y costumbres de región.

14. Pros y contras

B.
Sugerencia:
Piso grande, de 70m^2, 3 dormitorios, sala de estar, cocina y balcón. Es

un ático, no tiene ascensor, tiene 4 pisos. El edificio es antiguo, tiene luz y buenas vistas (a un parque), está completamente rehabilitado. Cuesta 280 euros al mes, calefacción, luz y teléfono aparte. Tiene wifi y el piso es compartido entre tres personas.

16. Mudanzas

(Palabras en el sentido de las agujas del reloj): planta, librería, mesilla, silla, mesa, felpudo, sofá, sillón, alfombra, televisor, televisión, ducha, cama, armario.

UNIDAD 6

1. Los problemas de Vicente

A.
Sugerencia:
1. No veas tanta televisión; apágala un rato antes de irte a dormir.
2. Entonces fuma menos.
3. Entonces es mejor pensar menos en el trabajo y más en otras cosas.
4. Intenta tomar menos café, puedes tomar té en su lugar.
5. Trabaja menos y duerme más.
6. No salgas tanto, y sal solo si al día siguiente no tienes que trabajar.
7. Puedes hacer una dieta y acostumbrarte a la comida sana.
8. Es mejor pasar menos tiempo jugando a videojuegos y más tiempo estudiando.

B.
1. **Habla** con ella de lo que quieras, pero **muestra** interés y simpatía.
2. **Hazle** muchas preguntas: a todo el mundo le encanta hablar de sí mismo.
3. **Muéstrale** que te interesa todo lo que cuenta.
4. Si estás solo, triste y deprimido, no **se lo cuentes**.
5. No **le preguntes** si está sola.
6. Nunca **te vayas** sin su número de teléfono.
7. No **hables** de ligar: ¡**liga**!

2. ¡No lo hagas!

1. Dásela. >
No le des la libreta a Ernesto. >
No se la des.
2. Póntelo. >
No te pongas el jersey. >
No te lo pongas.
3. Súbanlos. >
No suban los muebles, por favor. >
No los suban.
4. ¡Llévatelas! >
¡No te lleves las fotos, mujer! >
¡No te las lleves!
5. Búscalo. >
No busques el cámping en internet. >
No lo busques.
6. Tráeselos. >
No le traigas los apuntes a Javier. >
No se los traigas.
7. Escríbanlo. >
No escriban su nombre completo. >
No lo escriban.
8. Cómpralas. >
No compres las flores esta tarde. >
No las compres.

3. El indefinido

A.

verbos regulares	verbos irregulares
visité, viajé, trabajé, viví, conocí, volví, pasé, conté, comí, llegué, me alegré, me quedé, me reí	estuve, fui, fui, quise, pude, hice, supe, puse, conduje, vine, tuve, dije, vi

B.
Ayer **vi** a Juan en la calle y me **dijo** que quiere ir a estudiar al extranjero. Yo **me alegré** por él y le **pregunté** por la opinión de su novia, Sara. Él me **dijo** que Sara y él ya no están juntos. ¡Aquello **fue** una sorpresa para mí! **Me quedé** callado y al final **dije**: ¡lo siento! Juan **se rió** y **dijo**: "No te preocupes, estas cosas pasan". Supongo que sí, que estas cosas pasan. Además, según me **contó** Juan, aquello **fue** algo bueno para los dos.

4. Un incendio en Madrid

A.
1. han podido, empezó
2. han trabajado
3. avisó
4. hemos visto, ha quedado, ha resistido
5. destruyó, comenzó, se prolongó, quemó, empezaron
6. ha sido.

B.

con perfecto
aún
estos dos días
esta semana
con indefinido
sobre la medianoche del sábado 12
ayer
la noche del 12 de febrero de 2005

6. El viaje de Michael por España

- El verano pasado **estuve** en España.
- Todas **están** muy bien,…
- **Estuve** en Bilbao en septiembre… / el casco antiguo **es** precioso, **está** al otro lado del río…
- ¿Y cuándo **estuviste** en Granada?
- En Granada **estuve** durante la primera semana…. / El Albaicín **es** un barrio muy luminoso… / la Alhambra **es** espectacular, **es** el edificio…

7. Si se trabaja…

1. Si se firman leyes contra la caza comercial y científica de los cetáceos, se garantiza el ciclo de vida y su hábitat natural.
2. Si se desarrolla el ecoturismo, se desarrollan las poblaciones de la costa.
3. Si la ciudadanía se organiza, se pueden lograr muchas cosas buenas, como lo demuestra la campaña "Chile 2008: santuario de ballenas".
4. Si se declara una zona de protección para las especies, se garantiza su ciclo vital y hábitat natural a largo plazo.
5. Si se protege a las ballenas de la caza comercial y científica, estas vuelven a sus lugares originales de alimentación y reproducción.

8. Campañas de prevención

Sugerencia:
1. Para pasarlo bien no **se puede** tener en la cabeza el temor al embarazo.
2. No **se deben** mezclar el alcohol y los medicamentos.
3. Si **se consume** cannabis, **se corre** el riesgo de perder memoria.
4. No **se debe** conducir cuando **se ha tomado** alcohol.

9. ¿Ser o estar?

A.

ser
auténtico/-a, ecológico/-a, gratis, típico/-a, internacional, mediano/-a, prestigioso/-a, racista, pacifista
estar
contento/-a, de buen humor, preocupado/-a

B.
1. Antes de un examen **estoy** muy nervioso, pero en realidad no **soy** una persona nerviosa.
2. ¿Qué le pasa a Juan que hoy **está** tan simpático con nosotras?
3. Dicen que Vitoria **es** una de las ciudades más limpias de España.
4. Maite **está** muy tranquila porque acaba de terminar sus exámenes.
5. **Somos** solidarias, activas y serias: ¡justo lo que piden en este anuncio de trabajo!
6. Esta música **es** horrible.
7. Los chicos **están** tristes porque llegan las vacaciones y se acaban las clases de castellano.
8. Barcelona y Buenos Aires **son** ciudades renovadas.
9. **Es** triste tener que volver al trabajo después de las vacaciones.

11. Estudiantes de español en Argentina: un estudio

A.
1. Universidades e institutos terciarios.
2. 20 horas.

3. Un 3 por ciento se queda un año.
4. Grupales.
5. Proceden de Europa, sobre todo.
6. Hasta 15 años.
7. El turismo y aprender español son los principales motivos.
8. En hostales o casas de familia.

B.
1. g.
2. b.
3. h.
4. c.
5. f.
6. a.
7. e.
8. d.

12. Familias de palabras

romper: irrompible, rompedor, ruptura, roto
persona: personaje, impersonal, personalmente, personalizar
luz: iluminar, luminoso, iluminado, iluminador
superar: insuperable, superación, superado
escribir: escrito, escribiente, escritura, escritor, escribano
razón: irracional, razonar, razonablemente, razonable, racional, sinrazón

UNIDAD 7

1. Ayer estaba haciendo los ejercicios...

1. De la biblioteca de la escuela de español, es muy agradable. Hoy había un grupo de Erasmus **leyendo** periódicos, unas chicas francesas **viendo** vídeos, un chico finlandés **trabajando** con su tándem y un señor **buscando** un diccionario de chino.
2. A Alfonso, de niño, le encantaba leer. Leía en la escuela, en el autobús, cuando iba a visitar a su abuelita, y lógicamente, en casa. Por la noche, en la cama antes de dormir, **seguía leyendo**.
3. En casa, **estaba cenando** con amigos. ¿Por qué lo preguntas?
4. Me interesan los programas de intercambio de Ecuador y Bolivia. En Ecuador conozco gente, pero en Bolivia puedo trabajar en el proyecto de la radio solidaria. No lo sé, todavía lo **sigo pensando**.
5. Hombre, Miguel, ¿qué tal? ¿**Sigues viniendo** a este bar?

2. De Madrid al cielo

Generalmente no **me levantaba** muy tarde, **me duchaba** y **tomaba** un café en el bar de la universidad antes de ir a clase. La primera **empezaba** a las diez de la mañana y **era** de Derecho Internacional. Después **tenía** otra de Derecho Comunitario. Eso los lunes. Los martes no **tenía** clases: **iba** a la biblioteca o **estudiaba** con mi grupo de trabajo. En ese grupo **había** tanto españoles como Erasmus. Me **ayudaban** con los apuntes, me **explicaban** las cosas que no **entendía** y a veces me **corregían** los ejercicios. Después **comíamos** en la cafetería de la universidad. Ahora que lo pienso, nadie **cocinaba** en casa aunque **vivíamos** en un piso compartido. A mí la comida me **gustaba** mucho porque no **se parecía** en nada a la comida a la que **estaba** acostumbrado. Además, **era** muy barata. Por las tardes, los martes y los viernes, **iba** al polideportivo porque yo juego al fútbol y también me gusta nadar. El miércoles **era** mi día preferido porque con otra chica holandesa, Lieve, **íbamos** al Laboratorio de Lenguas. Nos **encantaba**. Pero lo que más me **gustaba era** cuando **me encontraba** con mi tándem, Mariluz.
Cuando **tenía** tiempo, me **llevaba** por la ciudad y me **enseñaba** cafés y librerías que yo no **conocía** Yo le **enseñaba** neerlandés porque algún día, siempre me **contaba**, **quería** vivir en Utrecht. Creo que **conocía** a alguien que **vivía** allí. A mí me parece que **estaba** enamorada, pero nunca **hablaba** de eso. La verdad es que **ponía** muchísimo interés y **apuntaba** todo lo que yo le **explicaba**.

Ahora es mi novia. Desde que vivo con Mariluz he aprendido muchísimo español. Cuando nosotros **vivíamos** en Madrid, yo todos los días **hacía** más o menos lo mismo, pero nunca **me aburría**. ¡Para mí todo **era** nuevo! La gente, la universidad, la ciudad, la comida... Algunos fines de semana Mariluz y yo **íbamos** a la sierra, **caminábamos** horas y horas, también **visitábamos** pueblos que **había** cerca. Creo que nunca he disfrutado tanto en mi vida. Si un día podemos, seguro que volvemos a Madrid.

3. Internet: un antes y un después

A
querías / escribías / ibas / tirabas / te equivocabas / tenías / era / decían / eran / necesitabas / había / leías / podías / ibas / podías / encontrabas / buscabas / usabas / podían

4. Los gustos cambian

A.

Iñaki de niño
Era tímido.
Tenía el pelo rubio.
Odiaba el queso.
Comía mucho chocolate.
Le encantaba el arroz de su madre.
No le gustaba el pimiento.
Iñaki ahora
Ya no es tímido, le encanta estar con gente.
Ya no tiene el pelo rubio, lo tiene castaño oscuro.
Sigue odiando el queso.
Sigue comiendo mucho chocolate.
Sigue encantándole el arroz de su madre.
Sigue sin gustarle el pimiento.

5. Postales

Sugerencia:
¡Que lleguemos a 100 años más!
¡Que pases una feliz Navidad!
¡Que cumplas muchos más!
¡Que tengas una feliz llegada al mundo!

6. ¿Sabes cocinar?

1. Las patatas, después de pelarlas, **es mejor** dejarlas en agua hasta el momento de cocerlas.
2. **Es mejor** no aliñar la ensalada si quieres conservarla para el día siguiente. Si quieres hacer una salsa, **es recomendable** dejarla aparte.
3. Si quieres cocinar para mucha gente, **es importante** recoger y limpiar primero la cocina: ¡es más cómodo!
4. **Algo importante** al cocer la pasta **es** escurrirla y comerla enseguida.
5. **Si quieres** freír ajo, **tienes que** dejarlo muy poco tiempo en aceite, porque se quema enseguida.
6. **Es fundamental** saber qué vas a cocinar cuando vas al supermercado para no comprar demasiado.

7. ¿Sabías que...?

B.
Sugerencia:
Hola, Simon, ¿qué tal? Seguro que lo estás pasando muy bien, pero... ¡creo que te has equivocado con la información! Mira, los chilenos toman el té entre las 4 y las 7 de la tarde, la palabra "once" es solo un código. En España prefieren el café al mate. El Día de San Martín se celebra en España, no en México, y, además, se celebra el 11 de noviembre, no en agosto. Y finalmente: no ves calaveras por ningún lado porque esta es una tradición mexicana, no argentina. En fin, espero que sigas disfrutando y que avances en tus clases de español para entender mejor lo que lees la próxima vez ;-)

8. ¡A la mesa!

	1	2	3
Dónde come:	....	cafetería	bar cerca de la oficina
Con quién come:	con la familia	con otros estudiantes	con compañeros de trabajo

Alimentos:	pan, vino, ensalada	sopa, ensalada, verdura, carne, pescado	bocadillo

10. Taller de palabras

insoportable, incalculable, incalculado, desabrochar, desabrochado, descomponer, descompuesto, desorientado, desestructurado intocable, irrompible, imponible, imponente, impresionante, impresionable

UNIDAD 8

1. El amor lo cambia todo

A.

1. Antes de estar contigo **estaba** deprimido, mi vida **era** monótona y no **tenía** sentido. Pero el día que te **conocí cambió** completamente
2. Cuando no te **conocía**, **pensaba** que las historias de amor **eran** una tontería o un invento, pero entonces **apareciste** tú y **empecé** a verlo de otra forma. Ahora pienso en ti a todas horas y te escribo cartas de amor.
3. Antes **era** una persona poco sociable, solo **hablaba** con Sócrates, mi loro. Pero **llegaste** y me **enseñaste** qué es la felicidad. Contigo **aprendí** a reírme de todos mis problemas. Mucho más: ¡ahora ya no tengo problemas!

B.

Las acciones que interrumpen están en indefinido. Las acciones interrumpidas y las descripciones de circunstancias están en imperfecto.

3. Un relato policíaco

Era un domingo de agosto. No **había** nadie en el piso de los estudiantes Erasmus. Alessandra **estaba** en la biblioteca y Sandrine, a esa hora, estaba tomando una copa con unos amigos.

Esa noche Alessandra **llegó** tarde a casa. **Abrió** el portal, **subió** las escaleras y… ¿qué **vio**?

¡La puerta **estaba** abierta y el piso desordenado!

Alessandra **decidió** llamar a la policía. Al día siguiente **vino** la detective Hurtado, que **examinó** el piso y le **hizo** muchas preguntas. Después, **bajó** al primer piso para hablar con un vecino.

El vecino del primero **era** un tipo raro. **Vivía** solo. **Tenía** un loro que **se llamaba** Sócrates y a menudo **hablaba** con él. Le **contaba** sus cosas y el loro siempre lo **escuchaba** atentamente. No **sabía** muchas palabras. **Podía** decir: ¡Sí!, ¡No!, ¡Hola!, y ¡Felipe, eres el mejor! En realidad Felipe –así se **llamaba** el vecino– no **necesitaba** nada más. La noche del robo los dos **estaban** en casa, como todas las noches.

Después de hablar con Felipe, la Sra. Hurtado **subió** al tercero, al piso de la señora Dolores. **Llamó** dos o tres veces. Finalmente la señora Dolores **abrió** la puerta, la **invitó** a pasar y le **ofreció** una cerveza. La detective **dijo** que no y **empezó** con las preguntas.
La vecina le **contó** lo siguiente.

La noche del robo estaba viendo las noticias. **Eran** más o menos las nueve. Todas las noches **veía** las noticias y **cenaba** en casa. Nunca **salía** de noche a la calle porque le **parecía** peligroso. Antes todo **era** diferente: siempre **se sentaba** en la calle las noches de verano a charlar con sus vecinos, nadie **cerraba** las puertas ni las ventanas. Se **podía** vivir tranquilo. El problema **era** que la detective Hurtado no **tenía** tiempo para charlar...

4. ¿Qué pasó? ¿Cómo estaba el piso?

- ■ Bien. Cuénteme dónde **estaba** la noche del robo.
- □ En la biblioteca, estudiando. A las ocho menos cuarto **me levanté**, **tomé** mis cosas y **volví** a casa con Sebastián.
- ■ ¿Quién es Sebastián?
- □ Uno de los chicos que comparte el piso conmigo.
- ■ ¿**Fueron** directamente a casa?
- □ No. **Pasamos** antes por el supermercado, **compramos** algo para comer y…
- ■ ¿Y después?
- □ **Entramos** al bar que está enfrente a tomar una cerveza.
- ■ ¿Por qué no **subieron** directamente al piso?
- □ **Era** una noche estupenda, **hacía** calor, **teníamos** ganas de estar en la calle… ¿A usted no le gustan las noches de verano?
- ■ Las preguntas las hago yo. ¿A qué hora **subieron** al piso?
- □ Más o menos a las diez.
- ■ ¿Y entonces?
- □ Cuando **llegamos**, la puerta **estaba** abierta, la luz encendida y todo muy desordenado
- ■ ¿Y después? ¿Qué **hicieron**?
- □ Poner un poco de orden… Y así **nos dimos** cuenta de que **faltaban** cosas.
- ■ De acuerdo, dígame lo que **faltaba**.
- □ Pues dinero, una maleta, la bicicleta de Sandrine.
- ■ ¿Dónde **estaba**?
- □ ¿Quién? ¿Sandrine?
- ■ No, la bicicleta.
- □ En el balcón, con la maleta, es que acabamos de cambiarnos de piso y…
- ■ ¿Cuánto dinero **había**?
- □ Unos 500 euros.
- ■ ¿Y por qué **tenían** tanto dinero en casa?
- □ **Queríamos** hacer una fiesta.
- ■ Bien, ¿puedo hablar ahora con la otra persona que vive en el piso?

5. Un argumento de película

tienen > tenían / dejan > dejaron / se rompe > se rompió / continúan > continuaron / encuentran > encontraron / van tomando > fueron tomando / lleva > llevó / impresionan > impresionaron / llegan > llegaron / se quedan > se quedaron / ayudan > ayudaron / pasan > pasaron / comienzan > comenzaron / despiertan > despertaron / define > definió

6. Pasaporte lingüístico

Mi nombre es Valentina Conku y soy de Esslingen, Alemania. Vivo en Berlín **desde hace** tres años. **Entre** los años 2006 y 2007 fui a clases de español en mi ciudad, Esslingen. Ahora estudio Filología Hispánica en la Universidad de Potsdam **desde** el año 2007, es decir que **hace** varios años **que** estudio español. Además, **hace** dos años estuve de vacaciones en Málaga, Andalucía, y ahora estoy trabajando de au pair en casa de una familia colombiana que vive en Berlín. **Desde que** trabajo allí, practico mucho español. También hice tres meses de prácticas en la escuela Sancho Panza de Berlín, ayudando a la jefa de estudios en la organización de los cursos.
Hace dos años **que** tengo un tándem: es una profesora argentina que quiere aprender alemán. **Desde que** escucho tantos acentos y dialectos (el castellano de Argentina, de Colombia, de España...) estoy aprendiendo mucho más, pero a veces también me confundo. Quizá el próximo verano voy a ir a Tenerife: unos amigos de la familia colombiana me preguntaron si quería cuidar a sus hijos durante las vacaciones, **desde** julio **hasta** septiembre. Pero todavía no sé si voy a ir porque es mucho trabajo, mucho tiempo y no está muy bien pagado. Prefiero trabajar en Berlín, ahorrar dinero y visitar a mi familia: ¡**hace** mucho tiempo **que** no la veo!

7. ¿Por ella o para ella?

Destino: 4, 11
Fecha límite: 1
Finalidad: 2, 3, 8, 10, 12
Destinatario: 5, 7, 9
Causa: 13
Localización en el tiempo: 6

8. Sor Juana Inés de la Cruz

A.

Es una biografía. El texto también puede aparecer escrito en presente de indicativo. Se conoce como presente histórico.

B.
Sor Juana Inés de la Cruz (1651-1695). Escritora mexicana
Juana Inés de Asbaje y Ramírez nació **en** un pueblo del valle de México, San Miguel de Nepantla, el 12 de noviembre de 1651. Fue hija **de** madre mexicana y **de** padre vasco. Es reconocida como la mayor figura de las letras hispanoamericanas del siglo XVII.

De niña aprendió náhuatl con sus vecinos. A los tres años sabía leer y escribir y a los ocho escribió su primer poema. Descubrió la biblioteca **de** su abuelo y así empezó a interesarse por los libros. Aprendió todo lo que era conocido en su época: leyó a los clásicos griegos y romanos y la teología del momento y aprendió latín como autodidacta escuchando las clases que recibía su hermana. Admirada **por** su talento, a los catorce años fue dama de honor de Leonor Carreto, esposa del virrey Antonio Sebastián de Toledo y brilló **en** la corte virreinal de la Nueva España **por** sus amplios conocimientos y **por** su habilidad escribiendo versos.

Quiso ir a la universidad, incluso pensó en vestirse de hombre **para** poder estudiar y desarrollar sus intereses intelectuales, pero finalmente decidió que lo más fácil era hacerse monja. Aunque ya era famosa y admirada, en 1667 entró **en** un convento y fue monja durante toda su vida.

Su celda se convirtió en punto de reunión **para** poetas e intelectuales. Allí realizó experimentos científicos, reunió una gran biblioteca, compuso obras musicales y escribió una extensa obra que contenía diferentes géneros, **desde** la poesía y el teatro **hasta** tratados filosóficos y estudios musicales. También fue administradora del convento.

A pesar de las críticas recibidas **por** la Iglesia, la poetisa siempre defendió el trabajo intelectual de las mujeres. Pero poco antes de su muerte, ya **en** la época de la Santa Inquisición, la Iglesia la obligó a deshacerse de su biblioteca y de su colección de instrumentos musicales y científicos. Sor Juana Inés de la Cruz murió durante una epidemia el 17 de abril de 1695, a los cuarenta y tres años.

9. Amor a primera vista

B.
Situación habitual:
estaba estudiando en la universidad...

Situación que ocurre en el momento del que se habla:
Ella estaba sonriéndome...
yo estaba intentando volver a leer...
¿estás estudiando aquí?
¿Y lo estás consiguiendo?

10. La vida de Carolina

En el instituto, Carolina formó parte de un grupo de **circo** en el que aprendió **malabares**, **equilibrios** y a **montar en monociclo**. Luego se fue **a Bilbao**, donde se aficionó al **surf**. Y es que en las playas de Vizcaya hay unas **playas** magníficas. Ya en el Cairo **aprendió** a **volar** en parapente. En Egipto **estudió** un año. Ahora ya ha acabado la carrera, lo **aprobó** todo con buenas notas. No ha cogido un **libro** en todo el verano.

11. Silencio, se rueda

A.
Sugerencia:
melodrama
comedia
musical
thriller (o película de suspense, o película policíaca)
película de terror
película de acción
película de aventuras
película de ciencia ficción
película de fantasía
película pornográfica
película del oeste
...

UNIDAD 9

1. Busco habitación

A.
¡Hola! Estoy buscando habitación en un piso que **sea** luminoso y **tenga** balcón o terraza. No tiene que ser céntrico. Prefiero que **esté** cerca de la universidad para poder ir caminando. El piso que tengo ahora no me gusta porque **es** caro y no tiene mucha luz. Me gustaría compartirlo con una persona que también **estudie**, pero lo que más me interesa es que esa persona **sea** de América Latina o de España, porque lo que yo **quiero** es hablar en castellano. ¡Ahora **vivo** con un alemán y solo **hablamos** inglés! Interesados llamar al 627 532 835.

B.
Características de su piso actual: caro, poco luminoso (presente de indicativo)
Características de su piso futuro: luminoso, balcón o terraza, no céntrico, cercano a la universidad (presente de subjuntivo)
Características de su compañero actual: es alemán y habla en inglés con él (presente de indicativo)
Características de su compañero futuro: que sea español o hispano y que hable en español con él (presente de subjuntivo)

2. Un posible trabajo para Pilar

... personas que **quieran** trabajar...
... personas jóvenes, que **sepan español**...
... que **puedan** trabajar tres horas...
... que no **sean** mayores de veinticinco años...

3. ¿Subjuntivo, indicativo o infinitivo?

1. ser
2. ir, vengas
3. vayamos, vayamos
4. hagas, haces
5. rellenar, rellenes
6. dímelo
7. hablar, ir
8. busques, hable, habláis

4. Consejos del sabelotodo

A.
Un **sabelotodo** es aquel que piensa que sabe sobre todos los asuntos y habla con las demás personas como su profesor o su tutor.
Un **mandón** es quien piensa que el resto de personas son sus empleados y él su jefe y puede ordenarles lo que quiera.

B.
1. lleven, aprendan, cambien, hagan
2. leas, hagas, veas, vayas, escuches, busques, viajes, compres
3. haga, vaya, compre, ordene, haga, meriende

5. ¿Qué había pasado antes?

1. había nacido
2. habían ofrecido
3. habían dado
4. había conocido

6. Mundeta

Esa mañana, mi madre entró en mi habitación gritando. Pensaba que no **había dormido** en casa, cuando yo, en realidad, acababa de despertarme. Se lo **expliqué**, pero ella no quería entender. Y para peor, la abuela también **comenzó** a opinar. Ya sabes que mi abuela es muy católica y que se pasa horas y horas rezando el rosario y no me deja dormir. Mi madre no hacía otra cosa que protestar, diciendo que la universidad me **había cambiado**, que ya no era la misma. Yo intenté contarles que quería irme de casa por unos días, pero no había manera.
Mi abuela tenía miedo. Me **preguntó** si yo **había hecho** algo feo, que es su manera de saber si yo estaba embarazada. Yo **seguí** insistiendo, pero no había forma de convencer a mi madre, no quería escucharme y solamente repetía que había que esperar a mi padre. Finalmente, no **pude** hacer otra que explicarles la verdad. Ya no tenía ganas de escuchar todo lo que **habían hecho** por mí, que si me **habían comprado** todos los vestidos que quería, que si me **habían mandado** a Inglaterra a estudiar... Así fue que les **dije** simplemente que tenía que irme porque la policía podía venir a buscarme.

7. ¿Cuándo suceden estos acontecimientos?

A y B.
Cuando llegues… (todavía no ha sucedido)
Cuando tengo… (ya ha sucedido)
Cuando compraron… (ya ha sucedido)
Cuando terminé… (ya ha sucedido)
Cuando comprendáis… (todavía no ha sucedido)
Cuando tengamos… (todavía no ha sucedido)
Cuando llegué… (ya ha sucedido)
Cuando comprendimos… (ya ha sucedido)
Cuando terminéis… (todavía no ha sucedido)
Cuando tenía… (ya ha sucedido)

8. Valentina en Antigua

A.
Este año Valentina **ha hecho** un curso de español en Antigua, Guatemala. Le **ha parecido** muy interesante porque no solo **ha aprendido** gramática, sino muchas cosas sobre el país. Además, **ha conocido** a muchísima gente de otros países. Nunca **había estado** en América Latina. Piensa volver el verano que viene. Me lo **ha dicho** hoy.
Para ella, un día normal durante el curso era así: **se levantaba** temprano, a eso de las ocho. **Desayunaba** y **tomaba** el autobús que la **llevaba** a la escuela. Las clases empezaban a las 9.30. La profesora **traía** el periódico y les **leía** las noticias del día y las comentaban. Libros no tenía, pero sí una gramática que le **había regalado** Fernando en el aeropuerto. En la primera página **decía**: "Para Valentina, para que mientras estudies, pienses en mí". Pero entonces, Valentina todavía no **había decidido** si seguir con Fernando o no…
La profesora **hablaba** un castellano muy claro y lento y por eso Valentina **comprendía** todo lo que **decía**. Sus primeras clases de español, en cambio, **habían sido** totalmente diferentes: su profesora **creía** que se **aprendía** escribiendo y por eso **tenía** que escribir todos los días textos larguísimos sobre temas que no le **interesaban**.

B.
Le ha parecido muy interesante… (a ella, OI = dativo)
Me lo ha dicho hoy. (a mí, OI) (lo = Piensa volver el año que viene. OD)
El autobús que **la** llevaba… (a ella, OI)
Les leía las noticias del día … (a los alumnos, OI)
Una gramática que **le** había regalado… (a ella, OI)
Temas que no **le** interesaban… (a ella, OI)

9. Noticias curiosas

A.
La noticia falsa es la tercera: Una editorial lanza cromos de los delincuentes más buscados.

10. Las líneas de Nazca

2. Es cierto que los dibujos los hicieron personas de la cultura Nazca.
3. No es cierto que los dibujos sean profundos.
4. No es cierto que los dibujos sean, claramente, de origen religioso.
5. Es cierto que las líneas de Nazca solo se ven desde lejos, sobre todo desde el aire.

11. ¿Profesión u objeto?

A.
profesión: el camarero, el cocinero, la banquera, la obrera
objeto: el cenicero, la ensaladera, el maletero, la papelera
otros: el cero, el cuero

B.
la cámara, la cocina, el banco, la obra, la ceniza, la ensalada, la maleta, el papel

C.
jardinero, cartero, enfermero, niñero, relojero, viajero, zapatero

UNIDAD 10

1. Estrategias

1. Isabel tiene una niña que empieza a caminar. Todo el día tiene que estar muy atenta **para que** no **se caiga**, no **ponga** las manos donde no debe ponerlas, no **se coma** las plantas, no **se tome** el detergente…
2. **Para ser** feliz hay que aprender a ver las cosas negativas desde diferentes puntos de vista y pensar que son momentáneas.
3. **Para** no **perder** tiempo vamos a hacer lo siguiente: mientras tú vas al supermercado, yo limpio la casa. Y **para que** la cena **esté** lista a las ocho, vamos a llamar a Sebastián, **para que** nos **ayude** a poner la mesa.
4. Te presento a Pilar; está de Erasmus en mi universidad. Ha venido **para aprender** alemán y escribir su tesis. ¿Por qué no le muestras la facultad? Y **para que sepa** dónde hay buen ambiente, llévala a tomar un café y a dar un paseo por la ciudad. ¿De acuerdo?
5. A Carlos le encanta bailar el tango. Le he traído un DVD de Buenos Aires **para que tenga** una idea cómo lo bailan allí y **para que** se lo **muestre** a sus amigas. No es fácil bailar el tango bien y **para bailarlo** hay que practicar mucho.

2. Problemas familiares

Después de llegar a casa / **hasta que** empezó la universidad / **hasta que** llegue el padre / **antes de que** sea demasiado tarde / **hasta** hablar con su padre / **después de** escuchar muchas preguntas / **después de** enterarse de la verdad

3. ¡Excusas!

1. Es que ayer tuve fiebre y, además, se me derramó la leche encima de la libreta.
2. Es que no le gusta el regalo porque ya tenía / tiene el libro.
3. Porque tenía mucho que hacer y, además, quería ver una película en la tele.
4. Lo siento, es que he quedado con Susana porque es su cumpleaños.
5. Lo siento, es que soy vegetariano y, además, estoy haciendo dieta.

4. Causas y consecuencias

A.
1. (así que) e.
2. (porque) f.
3. (así que) d.
4. (por) b.
5. (así que) c.
6. (porque) a.

B.
- Como no teníamos ganas de cocinar y además la nevera estaba vacía, decidimos pedir pizza por teléfono.
- Como Juan Carlos estudia en Salzburgo desde hace poco y todavía no se ha adaptado a la comida austríaca, los padres le mandan queso y jamón del pueblo.
- Como Elena no pudo adaptarse al estilo de vida francés, volvió a Lugo después de unos meses.
- Como, aunque la gente piense otra cosa, sus resultados académicos son brillantes, a Alberto le han dado la beca.

6. Reacciones

Sugerencia:
1. Me parece fenomenal que **tenga** un coche nuevo, …
2. Es una pena que **esté** enferma, …
3. A mí no me gusta que **haya** clase el sábado, …
4. No me importa que **vengan** este fin de semana, …
5. ¡Me da igual que **esté** en Canarias …

8. El mundo al revés

A.
Había una vez un país donde los economistas **llamaban** nivel de vida al nivel de consumo, y calidad de vida a la cantidad de cosas. El gobierno **estaba** en guerra contra los pobres y no contra la pobreza. Una parte del mundo **se moría** de hambre y otra **se moría** de indigestión, es decir, **comía** más de lo necesario y **se enfermaba**.
Se **trataba** a las niñas y niños de la calle como basura porque **había** niñas o niños en la calle. La educación **era** un privilegio porque una parte de ese mundo solo **conocía** los privilegios.
Y a la Iglesia, católica o protestante, le

daba igual, solo **tenía** diez mandamientos. Faltaba uno: "Amar a la naturaleza, de la que somos parte".

C.
Soñemos con un mundo donde los economistas no **llamen** nivel de vida al nivel de consumo, ni calidad de vida a la cantidad de cosas. Un mundo donde nadie **se muera** de hambre, porque nadie va a morir de indigestión. Donde las niñas y niños de la calle no **sean** tratados como basura, porque las niñas y niños de la calle no existen. Un mundo donde la educación no **sea** el privilegio de quienes **puedan** pagarla. Donde la Iglesia también **tenga** otro mandamiento, del que nos hemos olvidado: "Amar a la naturaleza, de la que somos parte". Un mundo donde las mujeres y los hombres **sean** seres humanos y no solo recursos humanos.

9. Filosofando

Sugerencia:
1. Marta es tranquila, prefiere una vida sencilla, estable, piensa que consumimos demasiado.
2. Luis es ambicioso, quiere triunfar en la vida y parece una persona analítica. Cree que es importante la pareja y tener dinero para hacer lo que uno quiere.
3. Ernesto es optimista, cree que incluso la salud depende de nosotros mismos, que es importante cuidarse y tener relaciones interpersonales, parece una persona sabia que tiene en cuenta todos los aspectos con los que podemos influir en la felicidad.

11. Es un decir...

Estar herido en el orgullo. (negativo)
No dar pie con bola. (negativo)
Estar de capa caída. (negativo)
Tener un día de perros. (negativo)
Pasar una mala época. (negativo)
Hacer realidad un sueño. (positivo)
Llegar a lo más alto. (positivo)
Dar saltos de alegría. (positivo)
Venirse abajo. (negativo)

UNIDAD 11

1. Hablemos de futuro

A.
1. Seguro que antes **comprará** un buen mapa de la ciudad. **Buscará** alojamiento en un piso, porque así todo **será** más barato y divertido. **Se pondrá** en contacto con su tutora o tutor y así **sabrá** a qué cursos debe ir. También **conseguirá** un pase estudiantil para moverse por la ciudad con comodidad y sin gastar demasiado dinero.

2. Los turistas del futuro **serán** personas que no solo **disfrutarán**, sino también **cuidarán** la naturaleza. **Pasarán** sus vacaciones en lugares ricos en diversidad cultural. **Viajarán** para conocer otros lugares, otra gente y nuevas costumbres. Está claro que también **buscarán** sol y playas pero **se interesarán** también por el paisaje, las comidas típicas y el arte de la región.

2. Buenos consejos

A.
1. quieres, bájate
2. necesitas, búscalo
3. queréis, almacenadlos
4. hay, instala
5. necesitas, búscala
6. sabéis, consultad
7. puede, revise
8. pasáis, descansad, caminad, salid

B.
Sugerencia:
- Si estudias para el examen, lo aprobarás.
- Si ahorras suficiente dinero, te podrás comprar un coche.
- Si entiendes inglés, puedes ver muchas películas en versión original.
- Si tienes hambre, come algo del frigorífico.
- Si compras pescado fresco, cocínalo para la cena.

3. Condiciones para un caradura

Sugerencia:
1. Si no empiezas a buscar trabajo, no voy a trabajar más para ti.
2. Si vives en esta casa, tienes que colaborar en las tareas domésticas.
3. Si comes y cenas con nosotros, deberías cocinar algún día.
4. Si quieres que te lave la ropa, pondrás una lavadora cada 15 días.
5. Si mañana no limpias el cuarto de baño, puedes olvidarte de comer con nosotros toda la semana.

4. Y tú, ¿qué harías?

Sugerencia:
1. Quizá **iría** a devolver la cartera, pero me quedaría con algo de dinero para no pasarlo tan mal.
2. Yo, en ese caso, nunca contestaría, las cámaras me dan miedo. Les diría que puedo contestar sin que me graben.
3. Supongo que iría a casa de algún vecino que conozca y normalmente se quede despierto hasta tarde.
4. A lo mejor terminaría llamando a la policía, pero primero intentaría hablar con ellos.

5. Las hipótesis de una vecina

A.
¿Qué pasará en la casa de los Erasmus? ¿Estará llegando otra persona al piso? Seguro que **hará(n)** aún más ruido. ¿Qué **estará** haciendo ese taxi? Hace media hora que está allí y no se va. Y esos dos chicos, ¿qué **estarán** esperando? ¡Oh, ahora sale Alessandra con una maleta! ¿**Serán** amigos de ella? Alessandra **querrá** cambiarse de casa otra vez. ¿**Tendrá** algún problema con los demás? ¡Pobre, es tan buena chica!...

B.
Sugerencia:
... cuando vi que llegaba un coche, luego me di cuenta de que era un taxi, y se quedó mucho rato delante de nuestro portal. Por ahí había dos chicos que estarían esperando a Alessandra, que salió con una maleta grande. Serían amigos de ella... Alessandra debe tener algún problema con sus compañeros y por eso se quiere cambiar de casa.

C.
Sugerencia:

situación
David está hablando con Susana y parece preocupado.
Es el cumpleaños de Javier y no lo encuentro en casa.
Mari Carmen me ha recomendado una película horrorosa.
El abuelo no ha querido subir al coche y se ha ido por el parque.
Carmen y Teresa no se hablan.
Félix está buscando un piso de alquiler.
hipótesis sobre el presente
Estarán hablando de su padre, que está enfermo.
Estará celebrándolo con sus amigos.
A ella sí le gustará.
Tendrá ganas de caminar.
Estarán enfadadas.
Querrá pagar menos.
hipótesis sobre el pasado
Estarían hablando de su padre, que está enfermo.
Estaría celebrándolo con sus amigos.
Iría a verla al cine y le gustaría.
Tendría ganas de caminar.
Estarían enfadadas.
Querría pagar menos.

8. ¿Un consumo más razonable?

B.
Sugerencia:
a. Para rechazar la industrialización de la producción, distribución y consumo alimentario.
b. Las cooperativas acostumbran a tener un límite de 50 núcleos familiares para asegurarse que mantienen un tamaño acorde con el espíritu que las impulsa: todo el mundo trabaja y nadie cobra. De esta forma se consigue que entre el productor y el consumidor no

haya ni un solo intermediario y que la comida ecológica mantenga un precio similar al de los alimentos que se cultivan y venden de forma industrial.

10. Los problemas del futuro

B.
Sugerencia:
Desertización: Transformación de un terreno fértil en desierto.
Superpoblación: Cuando hay demasiada población en un lugar.
Catástrofe: Suceso que produce destrucción y desgracia.
Conflicto: Desacuerdo entre dos partes o choque de intereses.
Crisis: Cambio brusco con consecuencias traumáticas.

UNIDAD 12

1. Perífrasis

A.
1. **Acaba de salir** un estudio que explica la relación de los jóvenes con el tiempo libre en los últimos diez años.
2. El tiempo libre es una de las prioridades de los jóvenes: a veces **dejan de dormir** para disfrutar de la noche.
3. Por su situación económica, muchos jóvenes españoles **tienen que vivir** en casa de sus padres hasta más allá de los 30 años.
4. Muchos adolescentes **suelen encerrarse** en su habitación y relacionarse con gente desconocida a través de internet.
5. Internet **está a punto de superar** a la televisión en la cantidad de tiempo que le dedica la gente joven.
6. Las actividades culturales **siguen siendo** las menos elegidas a la hora de salir los fines de semana.
7. **Hay que tener** en cuenta que las actividades de tiempo libre están relacionadas con las posibilidades económicas.

2. Vamos a empezar

Sugerencia:
1.
- Hola Vere, soy Andrea. ¿Qué haces?
- Pues ahora mismo **estudio** / **estoy estudiando** / **me pongo a estudiar** para el examen.
- ¿No tienes ganas de dar una vuelta o tomar un café?
- De verdad no puedo, **tengo que** estudiar.
- ¡Pero si ya lo **sabes** todo!
- Mejor **quedamos** otro día. Además, **va a venir** un amigo para estudiar conmigo.
- Vale, vale… Entonces nos vemos otro día…

2.
- ¿Qué **pensáis** / **vais a hacer** en el puente de la Constitución?
- Nosotros **vamos** a ir a París.
- Nosotras **pensamos** viajar a Londres. Hay ofertas buenísimas, pero no lo hemos decidido todavía.
- Si **tardáis** demasiado os quedaréis sin billetes. Mucha gente va a Londres para estas fechas…
- Lo sé, lo sé… Pero Mónica **está trabajando** ahora en una nueva empresa y no sabe si le darán vacaciones…

3.
- ¿Todavía **estás buscando** piso?
- Sí… y no **encuentro** nada que me guste.
- ¿Ya has intentado en la página de "Hogar, dulce hogar"?
- Lo he intentado todo, pero los pisos que me **gustan** no los puedo pagar.
- ¿Has puesto algún anuncio en internet?
- Sí, ya hace tiempo, pero lo quiero **volver a intentar** porque creo que ya es demasiado viejo.
- Buena idea. ¡Si **me entero** de algo, te lo digo!

3. Acababa de llegar cuando…

A.
1. (acababa) g.
2. (iba) f.
3. (pensaba) a.
4. (estaba) b.
5. (iba) i.
6. (iban) c.
7. (pensabais) d.
8. (pensaba) e.
9. (acababa) h.

B.
1. Acababa de salir / tuvo que volver
2. iba a hacer / acaban de poner
3. pensaba quedarme
4. estaba cenando
5. iba a subir
6. iban a pasar / tuvieron que quedarse
7. pensabais estudiar
8. pensaba quedarse / tuvo que volver
9. acababa de llegar

4. ¿Qué dice Alberto?

Pues dice que lo siente pero que hoy no podrá ir al teatro. Ha aparecido su jefe a última hora y tiene que terminar un informe urgentísimo para mañana. Dice que te diga que le sabe mal y que luego te llamará para veros el fin de semana.

5. Experiencias en el extranjero

A.

	Me contó que
me llamo	se llamaba
he venido	había venido
	Comentó que
estoy	estaba
	y que
me gustan	le gustaban
	Añadió que
no me he acostumbrado	no se había acostumbrado
	y me preguntó
tú qué haces	qué hacía
ya conoces	si ya conocía

B.
1.
Nuria me dijo que si algo le **admiraba** es que **allí** todo el mundo **hablaba** inglés, alemán o español. Me dijo que los holandeses **tenían** gran facilidad para los idiomas. **Me explicó** que ella **vivía** en una residencia de estudiantes que **parecía** Babel y que **estaba** muy contenta, aunque **echaba** de menos a **su** gente, ya que **sabía** que de **allí** se **llevaría** una experiencia para contarla toda su vida.

2.
José Manuel contó que **él también sentía** frío, ya que **estaba** en Salzburgo con una temperatura de tres grados bajo cero de máximo, y que la temperatura mínima **ni si quiera nos** la **decía**. **Hablando del** precio de las cosas, explicó que **aquella era la** ciudad más cara de Europa. **También confesó** que no **se había acostumbrado** a la comida de **allí**, y es que no hay nada como el jamón, los churros, el queso y el chorizo español.

3.
Susana **afirmaba** que **su** estancia en el extranjero **había sido** bastante difícil, que **había ido** al norte de Francia y **le había resultado** bastante difícil hacer amistades **porque** nadie **tenía** tiempo y que, además, **no había conseguido** adaptar**se** al clima de **esa** región, que **era** bastante duro. **En cualquier caso**, **aseguraba** que no **se arrepentía** de nada de lo que **había hecho** hasta el momento, **creía** que **le serviría** para aprender y para enfrentar**se** a otras situaciones duras para el futuro.

C.

estilo directo	estilo indirecto
presente	imperfecto
indefinido	pluscuamperfecto
perfecto	pluscuamperfecto
futuro	condicional

8. Fósforos en el bolsillo

B.
llavero – llave
caja de fósforos – fósforos
billetera – dinero
azucarera – azúcar
piano – música
guía del teléfono – abonados
cama – sábanas
florero – rosas
boca – dientes
ropero – trajes

9. Formas de decir: "decir"

Sugerencia:
Bernard me **ha confesado** que está enamorado de Susana, pero que aún no le **ha declarado** lo que siente por ella. Está esperando al momento oportuno para pedirle si quiere salir con él. Me **ha preguntado** si me parece una buena idea proponerle un plan sencillo como ir al cine. Yo le **he respondido** que sí, que es una buena idea, y que espero que todo le salga bien. ¿Y tú qué **opinas**?
Espero que este secreto que te acabo de **desvelar** no se lo **comentes** a nadie a nadie. ¡No me gustaría que Bernard **pensara** que no se puede confiar en mí!

UNIDAD 13

1. Elige un pronombre

A.
Esto el algo **que** me contaron hace mucho tiempo, **cuando** vivía en Suiza, **donde** tenía un amigo **cuya** familia tenía un restaurante **que** tenía mucho éxito. El restaurante, **cuya** especialidad era el pulpo a la gallega, estaba abierto desde los años 60, **cuando** el padre de mi amigo llegó a Suiza para trabajar. Allí entró como camarero en un hotel de Berna, y al cabo de dos años ya abrió un pequeño restaurante **donde** se ofrecía comida española y, en especial, de Galicia de **donde** era ese hombre. El restaurante tuvo un éxito enorme, porque allí iban muchos inmigrantes españoles **que** habían llegado a ese país hacía poco tiempo y tenían ganas de encontrarse con otros españoles y de saborear la comida de su país, al **que** tanto echaban de menos. Pero muchos de ellos, **que** siempre se acordaban de su pueblo, **adonde** pensaben volver, encontraron novias en Suiza, con **quienes** se casaron y tuvieron hijos. Mi amigo era uno de esos hijos…

2. Morriña

A.
Morriña: Tristeza o melancolía, especialmente la nostalgia de la tierra natal.

B.
Juan, **cuyos** padres se llaman Juan y Juana, vino a vivir a Barcelona en 2010 desde Buenos Aires, de **donde** nunca tuvo que haber salido, según sus propias palabras. Juan vive **donde** antes vivían sus abuelos y va cada día a trabajar al bar "Antic", que es el bar **adonde** voy yo a leer. Allí lo conocí hace ya unos meses. El camarero jefe, **que** me lo presentó entonces, me dijo que Juan era un tipo peculiar. Echaba de menos su ciudad natal, **cuyos** bares, según decía siempre Juan, tenían esa atmósfera especial de la capital argentina, de una bohemia auténtica y, lo que es más importante, ¡a unos precios más bajos!

3. Relativos

A.
1. Los mexicanos y mexicanas sin pareja, que constituyen aproximadamente una quinta parte de la población del país, gastaron un promedio anual de 1100 dólares en citas para encontrar a su media naranja.
2. Según una encuesta elaborada por Match.com, que es una prestigiosa agencia de contactos, el 67% de los hombres afirma que en el futuro se ve casado y con hijos.
3. La institución de la familia, que ha dejado de ser algo sagrado e indestructible, ha experimentado cambios a lo largo de la historia.
4. Cristina Peri Rossi, que es poeta, narradora y traductora, nació en Uruguay en 1941 y se trasladó a España en 1972.

B.
1. Al volverse vio a un chico guapísimo que le ofrecía un chicle de menta.
2. Una encuesta de Match.com que trata sobre el valor de la familia, afirma que el 67% de los hombres se ve casado y con hijos.
3. La familia inglesa que conociste el año pasado va a volver a alquilar la casa de los Rodríguez este verano.

4. Alguien en quien confiar

1. Si tienes un amigo en **quien** confiar, tienes una de las cosas más importantes de la vida.
2. Dicen que los estudiantes holandeses son **quienes** aprenden lenguas más fácilmente.
3. Hay personas para **quienes** hacer un examen es un problema.
4. El chico de **quien** te hablé para trabajar en la película, es un músico húngaro.
5. Las protagonistas de la historia son unas niñas **a quienes** les pasan muchas cosas interesantes.
6. **A quienes** quieran estudiar en América Latina, les recomiendo esta guía.
7. **Quienes** prefieran hacer el trabajo escrito en lugar del examen, deben pasar por mi despacho esta semana.

5. ¡Así no hay quien lo entienda!

A.
el chico con el que / una carrera con la que / nunca podrá ganar dinero, lo que

B.
1. Una amiga mía tiene un novio africano al que conoció en Marrakech, una ciudad donde estuvo de vacaciones, y que le encantó.
2. El examen para el que me preparé era demasiado difícil y no pude contestar las preguntas que tenía.
3. Anoche, en una fiesta, me encontré con un chico con quien había ido a la escuela y que estaba casado con una pintora italiana, cuyos padres me conocen.

6. ¿Recíprocos o reflexivos?

A.
1. reflexivo
2. recíproco
3. reflexivo
4. recíproco
5. reflexivo
6. recíproco
7. reflexivo

B.
1. Los niños y su padre **se besaron** para despedirse.
2. Vicky y Carlos **se arreglan** para ir a una fiesta de Carnaval.
3. Mi papá y mi mamá **se conocieron** hace treinta años y **se quieren** mucho.
4. La chica con la que vivo estudia en otra ciudad y solo **nos vemos** los sábados y domingos.

7. Problemas sentimentales

A.
Queridos amigos:
Hace tiempo que tengo problemas para encontrar pareja. He observado que no conozco a nadie que me **guste** y cuando me **gusta** una persona, siempre pienso que no le voy a gustar.
Además, siempre busco una pareja que **se parezca** a mi familia y cuando **se parece** mucho a mi familia, pienso que es gente aburrida. No hay nadie que **esté** a la altura de mis expectativas y cuando encuentro a alguien que **está** a la altura de mis expectativas, me da mucho miedo.
Y finalmente, si salgo con alguien que **es** agradable, dudo que **sea** la persona ideal, porque a mí esto no me pasa nunca.
No veo cómo puede cambiar mi situación, les estaré muy agradecido si me pueden ayudar en algo.
Atentamente,
Gabriel

8. Encuesta sobre la familia

A.
Tema de la encuesta del CIS: Los problemas del país y la familia.

Tema tratado en el artículo: La familia y el empleo.

B.
Pregunta 1: En una pareja, ¿quién debería trabajar menos horas para ocuparse de los hijos y del hogar?
Pregunta 2: ¿Cómo es su modelo de familia ideal?
Pregunta 3: ¿Qué es lo más importante de su vida?

9. En otras palabras

B.
Sugerencia:
El amor es algo sin reglas fijas.
Me siento tan mal que noto un dolor y un vacío.
Tu risa me hace sentir muy a gusto.

10. Las mil caras del amor

A.
Una persona puede ser / estar… pasional, monótona, aburrida, convencional, estable, de película, difícil, informal, tradicional, infiel, fiel, abierta, soltera, comprometida, casada, libre, independiente, dependiente, necesitada, romántica, realista.

Una relación puede ser… pasional, monótona, aburrida, convencional, estable, de película, difícil, con altibajos, temporal, informal, sexual, intermitente, tradicional, duradera, abierta, libre, independiente, romántica.

11. Manos que hablan

A.
1. i.
2. e.
3. g.
4. a.
5. b.
6. f.
7. c.
8. d.
9. h.

B.
1. mano sobre mano
2. nos echó una mano
3. echarle mano
4. me lavo las manos
5. mano izquierda
6. mano dura
7. con la mano en el corazón
8. en buenas manos
9. de segunda mano

UNIDAD 14

1. El mundo, hoy

A.
1. incorporación
2. lucha
3. cooperación
4. emigración
5. crecimiento
6. receptores
7. consumo
8. abrazos, besos y caricias
9. adopción

2. Apus en la Tierra

1. así que
2. cuando
3. hasta que
4. aunque
5. cuando
6. por eso

3. Trabajos académicos

1. se hace
2. se deben
3. se puede, se entiende
4. se considera
5. se resumirán
6. se presentará, se explicarán, se expondrán
7. se comparan, se verá

4. Es una amiga mía

1. la mía
2. mías
3. la tuya
4. suyas
5. el tuyo
6. los tuyos

5. Pienso salir aunque haga mal tiempo

A y B.
1. haga / hace (ya ha sucedido)
2. haga (todavía no ha sucedido)
3. sigan / siguen (ya ha sucedido)
4. cambien (todavía no ha sucedido)
5. cueste / cuesta (ya ha sucedido)
6. cueste (todavía no ha sucedido)
7. tengas (todavía no ha sucedido)
8. duermo / duerma (todavía no ha sucedido)
9. es (todavía no ha sucedido)

6. Historia de un pueblo

A.
La emigración de españoles durante la década de los años 60 y la inmigración que recibe el país desde los años 90 hasta la actualidad.

B.
Sugerencia:
1. Un estudio afirma que la mayoría de los emigrantes españoles de los años 60 eran ilegales.
2. Según el estudio, los inmigrantes actuales no hacen que los españoles tengan menos trabajo.
3. El estudio explica la emigración española histórica y la compara con la inmigración actual.
4. Los emigrantes (de los años 60 y actuales) conocen la realidad del país adonde van y no son víctimas de la pobreza extrema.
5. Los inmigrantes provocan un "efecto de desplazamiento" en los trabajos que realizan los nacionales.
6. Muchos inmigrantes pagan la Seguridad Social pero regresan a su país antes de jubilarse.

C.
Sugerencia:
En la expresión "sin papeles", la palabra "papeles" se refiere a los documentos legales, como pasaporte, DNI o permiso de trabajo, que debe tener todo ciudadano que quiera vivir legalmente en un país. Decir "sin papeles", por tanto, es una manera coloquial de referirse a los inmigrantes en una situación irregular.

D.
1. … **a pesar de** que el gobierno de Franco organizó la emigración.
2. … **si bien** ya se había contado en libros, estudios y varias entrevistas de los propios trabajadores.
3. … **aunque** la verdad es que abandonar el país de origen supone gastos que solo puede pagar una persona con un ingreso mínimo.

8. Una cuestión intolerable

B.

palabras relacionadas con el tema	
palabras similares en otras lenguas	
homicidio	homicide (inglés)
torturar	torture (inglés o francés)
asesinar	violare (italiano) violate (inglés) assassiner (francés)
víctima	victime (francés) victim (inglés) vittima (italiano)
palabras derivadas de otras palabras	
intolerable	in + tolerar
aislar	a + isla + r
desaparición	des + aparecer
transnacional	trans + nacional
incapacidad	in + capacidad
narcotráfico	narco + tráfico

C.
a. Qué pasó en Ciudad Juárez y Chihuahua.
Durante las últimas décadas se instalaron empresas transnacionales en la zona. La rentabilidad industrial se basaba en la mano de obra local barata. Las primeras desapariciones y muertes de mujeres y niñas ocurrieron hace diez años y varias de las mismas eran empleadas de la maquila (ese era el nombre que recibían las empresas transnacionales). Aparte de empleadas de esas empresas, hubo víctimas como camareras o estudiantes.

b. Cuáles son las reacciones de las autoridades.
El discurso público de las autoridades reflejaba una abierta discriminación hacia las víctimas y sus familias, pero tras años de

presión constante ejercida por las familias, las autoridades han tenido que corregir su retórica ante la opinión pública, aunque en los últimos diez años los responsables de investigar los crímenes no han desarrollado ninguna estrategia eficaz.

c. De qué actividades de organizaciones no gubernamentales informa el texto.
   De presiones a la administración a lo largo de los años para que se esclarezcan los crímenes.

9. Verbos con preposición

A.
verbo + a: acostumbrarse, adaptarse, asistir, atreverse, bajar, comenzar, emigrar, enfrentarse, exportar, ir, llevar, pertenecer, referirse, subir, traer, venir, volver
verbo + en: aislarse, bajar, caber, consistir, convertirse, equivocarse, esconderse, especializarse, ir, llevar, participar, pensar, sentarse, subir, terminar, triunfar, venir, volver
verbo + de: acabar, aislarse, alejarse, apoderarse, arrepentirse, asustarse, bajar, despedirse, enamorarse, equivocarse, esconderse, gozar, heredar, ir, llevar, provenir, subir, sufrir, traer, tratar, venir, volver

B.
1. triunfar en
2. se esconde / se ha escondido / se está escondiendo en
3. se arrepiente de
4. sufre de
5. trato de
6. consiste en
7. bajo a
8. se ha convertido en

C.
estaba hecho polvo > estaba muy deprimido, triste
va viento en popa > funciona estupendamente
cretino > estúpido, engreído

UNIDAD 15

1. Un nuevo periódico

A.
¡**Por fin** hemos llegado! **Después de** mucho tiempo de preparación en nuestra redacción, podemos anunciar a todo el mundo que *El mundo de hoy*, tu periódico, ya ha salido a la venta. En este periódico tendrán cabida todas las noticias que ocurran en el mundo, **especialmente** en el mundo hispano. Y **por otro lado** queremos darte las gracias a ti, querido lector, por haber apostado por nuestra publicación para informarte. Pero, **para empezar**, queremos prometerte que lo haremos con el mayor rigor posible: lucharemos siempre por ofrecerte una información contrastada y verídica. **Además, a pesar de que** haya malas noticias, no olvidaremos las noticias positivas, **ya que** pensamos que también mueven el mundo. **En resumen**, esperamos ser tu compañero de viaje de ahora en adelante. *El mundo de hoy* empieza aquí. ¡Bienvenido a tu periódico!

2. Está ocupado todo el día

1. es
2. estoy
3. soy
4. está
5. es
6. está
7. es
8. está
9. es
10. es
11. está
12. es

3. Informaciones

1. La inmigración hispanohablante, en Estados Unidos, ya no **está limitada** a las grandes ciudades.
2. En la fiesta de disfraces, Magaly **estuvo vestida** de Caperucita Roja.
3. **Estaba reservada** la mesa para las nueve de la noche.
4. Como acaban de cambiarse de piso, todas las habitaciones **están desordenadas**.
5. La inscripción para los cursos de verano **está abierta**.
6. Vicky está enferma y no puede ir al cole. **Está aburrida** de estar todo el día sola en casa.

4. Variaciones lingüísticas

A.
Sugerencia:
Es un hecho conocido que América Latina y España presentan dentro de su territorio variaciones lingüísticas del español **claramente** importantes, aunque algunas comparten fenómenos fonéticos similares, como el seseo y la aspiración de la "s". En la Península Ibérica, el llamado español atlántico distingue el habla del sur del territorio de la del norte, y en América Latina hay formas de hablar **absolutamente** diferenciadas por regiones, como por ejemplo, los Andes, el Río de la Plata, el Caribe o la costa Atlántica de México, Centroamérica, Venezuela y Colombia: hablamos distinto pero **indudablemente** nos entendemos igual.
Como ocurre **sin lugar a dudas** con la mayoría de las lenguas, en cada país donde se habla español existe una variante estándar y variantes dialectales. **Únicamente** porque existen tantos estándares como países que las practican en los medios de comunicación, en su literatura y en el mundo académico, **evidentemente** podamos afirmar que el castellano o español es una lengua policéntrica. **Esencialmente** todas las normas cultas son equivalentes, por lo tanto, deberíamos decir que no existe un español mejor o peor que otro.

7. Latinos en EE. UU.

B.
Prestigio cultural: Buena consideración (de la lengua española) en el ámbito de la cultura. *kulturelles Prestige*
Comunidad lingüística: Grupo de personas que comparten la misma lengua materna. *Sprachgemeinschaft*
Comunidad cultural: Grupo de personas que comparten los mismos rasgos culturales (lengua, folclore, costumbres...). *Kulturgemeinschaft*
Identidad cultural: Sentimiento de pertenencia a una comunidad cultural. *kulturelle Identität*
Cultura dominante: Cultura con mayor prestigio cultural y mayor implantación sobre otras culturas vecinas. *Leitkultur*
Cultura originaria: Cultura del país de origen de aquellas personas que han emigrado a otros países. *Ursprungskultur*
Asimilar (otra cultura): Absorber y hacer propia una identidad cultural que no es la originaria. *sich aneignen*

8. Un discurso contra la injusticia

A.
Se trata del discurso de Michelle Bachelet, ex presidenta de Chile, ante la Asamblea General de las Naciones Unidas el 24 de septiembre de 2008.

9. El tiempo en el trópico

A.
cuatro estaciones / estación de lluvias / estación seca / época de lluvias tropicales / calurosa / soleada / humedad / tormentas / lluvias / cálidos / cinturón de lluvias

B.
(sol)
estación seca
calurosa
soleada
cálidos

(lluvia)
estación de lluvias
lluvias
cinturón de lluvias

(tormenta)
tormentas
época de lluvias tropicales
humedad

Completa los nombres que faltan con la ayuda del Libro del alumno.

Completa los nombres que faltan con la ayuda del Libro del alumno.

Bildnachweis

Umschlag Avenue Images GmbH (Image Source); **Unidad 1** S. 9 Noam Armonn/Dreamstime; S. 13 Difusión; S. 15 shutterstock (aguilarphoto); S. 16 Marcin Okupniak/Dreamstime, Catalin Petolea/shutterstock, Michael C. Gray/ shutterstock, Difusión, JUGEND für Europa, Difusión; **Unidad 2** S. 17 BreAnn Mueller/Istockphoto; S. 24 iStockphoto (PhotoDisc), Luis Palaoro/iStockphoto, Thinkstock (iStockphoto), YinYang/iStockphoto, Difusión, Richard Semik/ shutterstock (PHB.cz); **Unidad 3** S. 25 Willy B. Thomas/istockphoto; S. 26 Wikimedia Foundation Inc. (PD), shutterstock (csp); S. 28 Philcold/Dreamstime, Warrengoldswain/Dreamstime; **Unidad 4** S. 33 Kota; S. 34 mishkabear/Yahoo! Deutschland GmbH (CC-BY-2.0); S. 40 Difusión, García Ortega, Difusión, Difusión; **Unidad 5** S. 41 lisegagne/istockphoto; S. 42 shutterstock (ID1974), Sven Rohloff/Stockxchng, Paul Prescott/Fotolia LLC, D.aniel/Fotolia LLC; S. 45 Difusión, García Ortega, Difusión, Difusión; S. 47 Elisabeth Tayefeh; **Unidad 6** S. 49 Digiatlas, Rafael Angellrusta Machin/Dreamstime; S. 52 Difusión; **Unidad 7** S. 57 Lise Gagne/istockphoto; S. 58 Photooiasson/Dreamstime, Difusión, Thinkstock (iStockphoto); S. 59 Robwilson39/Dreamstime; S. 61 Julio Echandia/istockphoto, excape25/istockphoto, Efesan/istockphoto, Ruth Black/istockphoto; S. 62 Jaclyn Burke/iStockphoto, julia-photo/iStockphoto, Mariia Gerasymenko/Dreamstime, Ulrich Müller/iStockphoto, José Guadalupe Posada; **Unidad 8** S. 65 Pere Cobacho; S. 68 Constantin/Cinetext GmbH, García Ortega; Miguel Cabrera; **Unidad 9** S. 73 Ullstein Bild; S. 77 García Ortega; **Unidad 10** S. 83 Margouillat/Dreamstime, Grafissimo/istockphoto; S. 87 Miguel A. Monjas/Wikimedia Foundation Inc. (CC-BY-SA3.0); S. 88 quavondo/istockphoto, digitalskillet/istockphoto, Anna Bryukhanova/istockphoto; S. 89 BoyanDimitrov/Dreamstime; **Unidad 11** S. 93 Nito100/ Dreamstime; S. 95 Andrés Rodríguez/Dreamstime; S. 96 RobVanEsch/Dreamstime; S. 98 Difusión; **Unidad 12** S. 103 Nick Stubbs/Dreamstime; **Unidad 13** S. 113 Marcelo Bernadelli/Klett Archiv, Sergio Martínez/Fotolia LLC; S. 118 Anne Kitzman/ Fotolia; **Unidad 14** S. 123 Okea/Dreamstime; S. 124 Piccaya/Dreamstime; S. 126 Ullstein Bild; **Unidad 15** S. 133 Gerard Roche; S. 136 Dariusz Kopestynski/Dreamstime.

Textquellen

Unidad 3 S. 31 Lenguas en peligro de extinción, Eusebio Val, La Vanguardia, 2007; **Unidad 9** S. 78 La Urbana de Barcelona denuncia a una persona cada dos días por ir desnuda o semidesnuda, 20 minutos, 2011; Crean un papel higiénico exclusivo para la visita del Papa Benedicto XVI a España, 20 minutos, 2011; Una editorial lanza cromos de los delincuentes más buscados, Xavi Puig, El mundo today, 2011; **Unidad 11** S. 98 Las cooperativas de comida ecológica viven "un boom", Joel Albarrán Bugié, La Vanguardia, 2009; **Unidad 12** S. 108 "La montaña", *Cuentos completos*, Virgilio Piñera, Editorial Letras Cubanas, 2004; S. 109 "La foto salió movida", *Historias de cronocopios y de famas*. (c) Herederos de Julio Cortázar, 2011; **Unidad 13** S. 118 Para el 46 % de los españoles, la mujer debe renunciar al trabajo antes que el hombre, 20 minutos, 2010; S. 119 "Querer a Irene", Iván Legrán, 2011, http://ernestomeombligo.blogspot.com; **Unidad 14** S. 126 La mitad de los emigrantes españoles de los 60 eran sin papeles, Radiocable, 2008; S. 129 México: muertes intolerables, (c) Amnesty International, 1 Easton Street, London WC 1 X 0DW, United Kingdom, http://www.amnesty.org; **Unidad 15** S. 137 Seis tesis sobre el español en EE. UU., Eduardo Lago, El País, 2008; S. 139 Discurso de Michelle Bachelet ante la ONU, Michelle Bachelet, 2008.